GUILLAUME
MARINETTE

REGROW
FÜR EINSTEIGER

GEMÜSE-, OBST- UND KRÄUTERRESTE EINFACH NACHWACHSEN LASSEN

mvgverlag

Bibliografische Information der Deutschen Nationalbibliothek

Die Deutsche Nationalbibliothek verzeichnet diese Publikation in der Deutschen Nationalbibliografie.
Detaillierte bibliografische Daten sind im Internet über http://d-nb.de abrufbar.

Für Fragen und Anregungen

info@mvg-verlag.de

1. Auflage 2021

© 2021 by mvg Verlag, ein Imprint der Münchner Verlagsgruppe GmbH
Türkenstraße 89
80799 München
Tel.: 089 651285-0
Fax: 089 652096

Die französische Originalausgabe erschien 2020 bei Hachette Livre (Marabout) unter dem Titel *Faire repousser ses légumes à l'infini*. © 2020 by Hachette Livre (Marabout). All rights reserved.

Übersetzung: Christa Trautner-Suder
Redaktion: Caroline Kazianka
Umschlaggestaltung: Isabella Dorsch
Umschlagabbildung: Guillaume Marinette
Fotos: Guillaume Marinette, außer die Fotos und Illustrationen auf S. 4, 10–25, 88–93, 100–110 © Shutterstock
Satz: Ortrud Müller, Die Buchmacher – Atelier für Buchgstaltung, Köln
Druck: Florjancic Tisk d.o.o., Slowenien
Printed in the EU

ISBN Print 978-3-7474-0266-5
ISBN E-Book (PDF) 978-3-96121-612-3
ISBN E-Book (EPUB, Mobi) 978-3-96121-613-0

Weitere Informationen zum Verlag finden Sie unter

www.mvg-verlag.de

Beachten Sie auch unsere weiteren Verlage unter www.m-vg.de

Inhalt

Mein Fensterbrett ganz im Zeichen von Regrow, Sommer 2019

Einleitung

Das Ziel, möglichst wenig Abfall zu produzieren, ist in der heutigen Zeit in das allgemeine Bewusstsein gerückt. Wie die meisten Menschen habe auch ich mein Konsumverhalten überdacht, um weniger Abfall zu erzeugen: Ich spare, so gut es geht, Wasser und bin dazu übergegangen, den Großteil meiner Lebensmittel lose oder in wiederverwendbarer Verpackung zu kaufen. Zudem recycle ich meine organischen Abfälle in meinem Gemüsegarten auf einem Komposthaufen.

Dann habe ich mich auf die Suche nach konkreten Ideen zur Verbesserung der Situation gemacht. Dabei bin ich unter anderem auf Regrow gestoßen. Bei dieser Methode werden Gemüseteile, die bisher bestenfalls im Kompost und schlimmstenfalls im Haushaltsmüll gelandet sind, aufbewahrt und für die Nachzucht eingesetzt.

Pflanzen nachwachsen zu lassen, bedeutet nicht unbedingt, dass man eine Kopie des Originals bekommt. Vielmehr geht es darum, Pflanzenteile, die nicht verwendet werden, zu nutzen, sodass wir eine zweite Chance haben, sie zu genießen, wenn auch nicht immer in ihrer ursprünglichen Form. Die Karotte beispielsweise schenkt uns nur neues Karottengrün, das im Salat oder in Suppen aber ausgezeichnet schmeckt.

In diesem Buch erhalten Sie jede Menge Tipps und Empfehlungen, um aus Ihren Abfällen von gestern ganz einfach Ihr Gemüse von morgen zu machen. Eine tolle Idee, oder?

Guillaume Marinette

Wie funktioniert Regrow?

Regrow bedeutet, Gemüse aus Abfällen nachwachsen zu lassen, die man bisher kompostiert oder weggeworfen hat. Wenn Sie das vorliegende Buch gelesen haben, werden Sie nur noch darüber nachdenken, wie Sie in Ihrer Küche oder in einer Ecke Ihres Gartens Gemüse anbauen können.

Spare ich damit auch?

Aber ja! Mit etwas Planung müssen Sie im Grunde nie mehr Salat kaufen. Und Sie müssen auch keine Gemüsepflanzen oder Kräuter für den Gemüsegarten kaufen. Diese sind kostspielig und lassen sich doch so einfach in der Küche ziehen! An Ihrer Rechnung beim Gemüsehändler werden Sie das deutlich spüren. Zudem essen Sie auch noch ohne Mehrkosten Bioprodukte.

Was sind die Vorteile?

Sie wissen, was Sie essen! In Ihrem eigenen Gemüsegarten oder Ihrer Küche gibt es weder Glyphosat noch chemische Düngemittel oder sonstige Pestizide. Es ist wissenschaftlich erwiesen, dass manche Pestizide krebserregend wirken. Daher ist es wichtig, bei seiner Ernährung darauf zu achten.

Das ganze Jahr frische Kräuter

Schluss mit getrockneten Kräutern, die deutlich weniger Aroma haben als frische. Kochen Sie mit frischen Kräutern, die für unsere Gesundheit unverzichtbar und so einfach zu kultivieren sind. Zudem verwandeln sie selbst einfachste Gerichte in wahre Gaumenfreuden.

Der Anbau ist unkompliziert und klappt ohne Probleme, wenn Sie den Empfehlungen in diesem Buch folgen. Es ist ein gutes Gefühl, zu wissen, was man isst und wie es gewachsen ist. Außerdem können Sie so gerade Kindern den Spaß am Gärtnern vermitteln, selbst wenn Sie keinen Garten haben.

Wie funktioniert das?

Die Natur ist sagenhaft. Sie erlaubt es lebenden Organismen, ganz unterschiedlich zu leben, sich fortzupflanzen oder zu wachsen: Aus einem einfachen Samenkorn entsteht ein Baum oder ein Gemüse. Es gibt auch Pflanzen, die man teilen kann, um sie zu vermehren und damit zu reproduzieren.

Praktisch alle Obst- und Gemüsesorten können Sie zu Hause nachziehen. In diesem Buch haben wir uns auf die einfachsten und ertragreichsten Sorten konzentriert, damit Sie schnell und sicher Erfolg haben. Gleichzeitig geben wir Ihnen jedoch auch das notwendige Wissen mit, um selbstständig mit weiteren Pflanzen zu experimentieren.

Muss man sich gut auskennen, um Erfolg zu haben?

Nein! Dieses Buch enthält alle wichtigen Informationen, sodass Ihnen die Nachzucht von Gemüse problemlos gelingen wird. Sie werden verschiedene Methoden kennenlernen, mit denen Sie unterschiedliche Sorten anbauen können: Je nach Gemüse erfolgt die Nachzucht aus einem Samenkorn, einem Stängel, den Wurzeln oder sogar aus den Blättern.

Wachstumszone, was ist das?

Jede Pflanze hat eine Wachstumszone, das heißt eine Zone, aus der heraus sie wieder nachwachsen, größer werden und sich regenerieren kann. Wurzeln sind beispielsweise eine Wachstumszone.

Nicht alle Pflanzen haben dieselbe Wachstumszone, je nach Pflanzentyp sind die entsprechenden Bereiche also unterschiedlich. Auf den folgenden Seiten erhalten Sie grundlegende Informationen dazu, sodass Sie die richtige Kultivierungsmethode je nach den Besonderheiten einer Gemüsepflanze bestimmen können.

Blüte

Blätter

Stachel

Stängel

Kern

Knospe

Samenkorn

Rhizom

Sammelfrüchte

Wurzel

Schema eines Himbeerstrauchs mit den verschiedenen Pflanzenteilen

Wurzelgemüse

Von Wurzelgemüse essen wir hauptsächlich die Wurzel.

Die Wurzel ist der unterirdische Pflanzenteil. Sie kann das Wasser und die Nährstoffe aufnehmen, die von der Pflanze benötigt werden, um zu wachsen und sich fortzupflanzen.

Die Besonderheiten

Es gibt zwei Arten von Wurzelgemüse: Gemüse mit Knollen- oder Pfahlwurzeln.

Radieschen, Karotten und Rüben sind beispielsweise Wurzelgemüse. Allerdings kann man nur ihr Grün nachwachsen lassen, nicht jedoch das Gemüse selbst. Sie können sich also lediglich auf neues Grün freuen, das aber köstlich schmeckt. Bei Gemüse wie der Kartoffel, der Süßkartoffel oder dem Maniok ist es einfacher: Mit einem Stück der Knolle können Sie die Pflanze nachziehen.

Welcher Pflanzenteil wird verwertet?

Die Wachstumszone von Pfahlwurzeln befindet sich oben in der Wurzel, in der Nähe des Blattwerks. Es müssen daher Gemüsepflanzen gewählt werden, deren Ende nicht abgeschnitten wurde und die im Idealfall noch ihr Grün haben. Bei den Knollenwurzeln reicht ein Stück davon aus.

Wurzelgemüse

BEISPIELE FÜR WURZELGEMÜSE

Rübe, Karotte, Pastinake, Radieschen, Steckrübe, Süßkartoffel, Kartoffel, Speiserübe, Maniok, Yams …

Stängelgemüse

Der Stängel ist der in der Regel oberirdische Teil der Pflanze. Da die Natur jedoch die Vielfalt liebt, gibt es auch unterirdische oder halb in der Erde steckende Stängel.

Die Besonderheiten

Der Stängel oder »Spross« trägt die Blätter, die Blüten, die Samenkörner und gelegentlich auch die Früchte.

Beim Stängelgemüse unterscheidet man die Stängel von den Wurzeln. Sie bilden Knospen, aus denen sich Zweige entwickeln, die Blätter, Blüten und Samenkörner tragen.

Während einige dieser Gemüsesorten zum Namen passend wie Stangen aussehen – beispielsweise der Lauch –, überraschen andere zugehörige Sorten wie die Ananas.

Welcher Pflanzenteil wird verwertet?

Die Wachstumszone befindet sich beim Stängelgemüse im unteren Pflanzenteil. Verwendet wird daher ein Teil des Stängels mit der Wurzel. Dafür wird die Pflanze einige Zentimeter über der Wurzel abgeschnitten. Dieses Stück mit der Wurzel setzen Sie einfach in gute Erde und warten ab. Es dauert relativ lang, bis etwas nachwächst. Das ist aber nicht ungewöhnlich, also haben Sie etwas Geduld!

Stängelgemüse

BEISPIELE FÜR STÄNGELGEMÜSE
Stangensellerie, Zwiebel, Frühlingszwiebel, Lauch …

Blattgemüse

Von Blattgemüse essen wir hauptsächlich die Blätter.

Beim Blatt unterscheidet man zwei Teile: Blattspreite und Blattstiel. Die Blattspreite ist das, was man gewöhnlich als »Blatt« bezeichnet, während der Stiel das Blatt mit dem Pflanzenstängel verbindet.

Die Besonderheiten

Das Blatt – also die Blattspreite – reicht nicht aus, um die Pflanze nachwachsen zu lassen. Man braucht dazu auch einen Teil des Stängels. Normalerweise kauft man Blattgemüse auch im Ganzen, so etwa Blattsalate, Kohl oder auch Kräuter.

Zudem haben bestimmte Blattgemüse Stängel, die wir mitessen, beispielsweise der Stangensellerie oder der Rhabarber. Einen ganzen Stangensellerie bekommt man problemlos. Der Rhabarber hingegen wird geschnitten als Stangen verkauft. Ohne ein Stück des Rhizoms oder eine Knospe ist es daher nicht möglich, ihn wieder nachwachsen zu lassen.

Welcher Pflanzenteil wird verwertet?

Die Wachstumszone beim Blattgemüse befindet sich zwischen Blattstiel und Stängel. Dieser Teil wird daher benötigt, um die Pflanze nachzuziehen.

Blattgemüse

BEISPIELE FÜR BLATTGEMÜSE

Dill, Basilikum, Koriander, Petersilie, Kohl, Stangensellerie, Chicorée, Grünkohl, Kopfsalat, Mangold, Spinat, Rosmarin, Thymian, Salat …

Fruchtgemüse

Beim Fruchtgemüse essen wir die Blüten oder Früchte, die wir aber als Gemüse ansehen.

Ohne uns dessen bewusst zu sein, essen wir gerne Blüten. Dies gilt für Brokkoli, Artischocke oder Blumenkohl. Brokkoli muss geerntet werden, bevor sich die Blüten öffnen, sonst schmeckt er nicht mehr.

Die Besonderheiten

Unter rein botanischem Gesichtspunkt sind viele »Gemüsesorten« eigentlich Früchte. So ist alles, was Kerne hat, eine Frucht. Blüht eine Pflanze oder steht sie kurz vor der Blüte, sind die Blüten das einzig Gute an ihr. Denn die Pflanze konzentriert sich ganz darauf, Blüten zu produzieren, und beschränkt sich in diesem Moment völlig darauf.

Welcher Pflanzenteil wird verwertet?

Die Wachstumszone befindet sich beim Fruchtgemüse in den Kernen. Es macht Spaß, etwas aus Kernen wachsen zu lassen! Wichtig ist, zu wissen, dass die meisten Kerne vor der Verwendung getrocknet werden müssen, denn solange sie noch feucht sind, sind sie nicht bereit für die Nachzucht. Mit Kernen zu arbeiten, ist relativ einfach. Bedenken Sie aber, dass manche Kerne innerhalb von einigen Wochen (z. B. die Zucchini), andere erst innerhalb von einigen Jahren (z. B. der Apfel) austreiben.

Fruchtgemüse

BEISPIELE FÜR FRUCHTGEMÜSE

Artischocke, Brokkoli, Blumenkohl, Avocado, Zucchini, grüne Bohne, Melone, Kichererbse, Gurke, Aubergine, Tomate, Paprika, Ananas, Hokkaidokürbis …

Gemüse nachwachsen lassen – wie geht das?

Man muss die Natur kennen, um sie besser nachahmen zu können!

In der Natur unterscheidet man im Wesentlichen drei Reproduktionsarten:

* **Aussamen:** Die Samen aus Blüten oder Früchten verbreiten sich und setzen sich im Boden fest. Bei günstigen Bedingungen keimen sie und eine neue Pflanze entsteht.

* **Vermehrung durch die Wurzeln:** Die Wurzeln der Pflanzen breiten sich aus und nehmen immer mehr Platz ein.

* **Vegetative Vermehrung:** Die Pflanze breitet sich durch Teile von sich selbst aus, die Wurzeln bilden und neue Pflanzen entstehen lassen. Wer schon einmal Erdbeerpflanzen hatte, wird diese Art des Wachstums kennen, denn die Erdbeerpflanze bildet Ausläufer, die sich in geringer Entfernung von der Mutterpflanze in der Erde verwurzeln und dort eine neue Erdbeerpflanze wachsen lassen.

Eine Erdbeerpflanze vermehrt sich durch Ausbildung von Ausläufern, die ein Stück von der Pflanze entfernt im Boden Wurzeln bilden.

SCHON GEWUSST?

Einige Pflanzen wie das Brutblatt (Kalanchoe daigremontiana) produzieren auf ihren Blättern zahlreiche Brutknospen, die mit winzigen Wurzeln und Blättern versehen sind. Sobald sie bereit sind, fallen sie auf den Boden und bilden dort neue Pflanzen. Ihre Vermehrung funktioniert daher problemlos.

Pflanzen durch vegetative Vermehrung nachziehen

Einige Pflanzen lassen sich problemlos nachziehen, wenn man einen Teil von ihnen in Wasser stellt. Diese Methode unterscheidet sich vom Aussamen und kann zu deutlich anderen Ergebnissen führen!

Eine neue Pflanze?

Es gibt Pflanzen, die dank der vegetativen Methode eine neue Pflanze hervorbringen, das heißt, man beginnt wieder bei null und erntet im Grunde dasselbe Gemüse wie zuvor. Beispiele dafür sind Kartoffel, Zwiebel, Sellerie, Ingwer oder Kurkuma. In dem verwendeten Pflanzenteil befindet sich das genetische Erbe der Pflanze und dieses wird in gewisser Weise also »geklont«.

Veredelung eines Obstbaums: Das Prinzip besteht darin, zwei unterschiedliche Sorten zusammenzuführen, um eine neue Sorte zu erzielen, die – so hofft man – die Vorteile beider veredelten Varietäten in sich vereint.

Stetiges Wachstum?

Manche Pflanzen werden immer größer. So wächst Salat etwa stets weiter, solange er nicht zu blühen beginnt. Dabei sind natürlich bestimmte Regeln zu beachten, die Sie später (siehe Seite 60) kennenlernen werden. Da die Pflanze ihre Entwicklung fortsetzt, gibt sie Ihnen lange Zeit zu essen.

Eine neue Pflanze?

Nicht jedes Obst und Gemüse ist so entgegenkommend. Bei einigen bildet sich bei der Nachzucht weder die Frucht noch das ganze Gemüse. Radieschen, Karotten und viele Wurzelgemüse ergeben kein neues Gemüse, sondern essbares Grün. Die jungen Triebe schmecken beispielsweise im Salat sehr lecker.

Eine neue Technik?

Die vegetative Vermehrung wird schon seit Urzeiten genutzt. Eine der verwendeten Techniken ist der Steckling oder das Steckreis. Die meisten Früchte und Gemüse, die wir essen, sind dank dieser Methode entstanden. Dabei besteht also keinerlei Gesundheitsrisiko!

Der ideale Standort

Pflanzen erhalten Licht durch LED-Leuchten, die das Tageslicht imitieren. Ein guter Trick, damit sie auch im Winter gedeihen.

LASSEN SICH PFLANZEN DAS GANZE JAHR ÜBER NACHZIEHEN?

Einige Pflanzen wachsen das ganze Jahr über nach, solange ihre Bedürfnisse erfüllt werden. Wenn es warm genug ist, können einige sogar im Winter wachsen. Bei Pflanzen, die im Freien stehen, dürfen Sie dies nicht erwarten.

Natürlich haben Pflanzen – wie alle Lebewesen – grundlegende Bedürfnisse, die erfüllt werden müssen, wenn ein gutes Wachstum erzielt werden soll.

Licht

Die Pflanzen brauchen, insbesondere zu Beginn ihres Lebens, Licht. Sie können nämlich dank der Fotosynthese wachsen und sich entwickeln. Anfangs muss die Pflanze ihre Wurzeln aufbauen, dann ihre Blätter und alles Weitere entwickeln. Einen Großteil der dafür benötigten Energie bezieht sie aus dem Licht.

In der Natur haben zum Glück nicht alle Pflanzen dieselben Bedürfnisse. Einige schätzen die volle Sonne, während andere Halbschatten, wieder andere viel Schatten benötigen.

Damit eine Pflanze gedeiht, braucht sie die Lichtverhältnisse, die sie auch in der Natur bevorzugen würde. Um Ihnen die Wahl des richtigen Standorts zu erleichtern, finden Sie in jedem der Pflanzensteckbriefe ab Seite 28 den Lichtbedarf der jeweiligen Pflanze.

In der dunklen Jahreszeit können Sie mit LED-Beleuchtung, die das Tageslicht imitiert, den Pflanzen eine zusätzliche Unterstützung bieten. Diese Lampen verbrauchen sehr wenig Energie und leisten wertvolle Dienste.

Wärme

Wärme ist für die Pflanzenzucht eine wichtige Verbündete! Denn die meisten Pflanzen lieben Wärme. Einige exotische Früchte wie etwa die Mango gedeihen in unseren Breitengraden nicht, da sie eine relativ hohe Mindesttemperatur und sehr viel Sonne brauchen.

Auch die Luftfeuchtigkeit spielt eine entscheidende Rolle für das Wohlbefinden der Pflanzen. Zum Glück leben wir in einem gemäßigten Klima, dessen Luftfeuchtigkeit den Anbau der meisten Pflanzenarten erlaubt.

Ein guter Kompromiss ist auch die Anzucht im Haus. Bei ausreichender Beleuchtung und einer weitgehend konstanten Temperatur von rund 20 °C sind wichtige Bedingungen für die Pflanzen erfüllt, damit sie sich wohlfühlen.

Warme Füße!

Die Wurzeln brauchen am meisten Wärme, um sich gut entwickeln zu können. Wer es ganz besonders gut machen möchte, kann sich spezielle Heizmatten zulegen, die eine optimale Entwicklung der Pflanzen möglich machen.

Das Nachwachsenlassen von Gemüse ist nicht kompliziert, Sie müssen nur den richtigen Standort wählen. Ein Fensterbrett beispielsweise ist ideal, denn da ist es hell und meist recht warm.

Wer im Freiland pflanzen möchte, sollte dies in den wärmeren Jahreszeiten wie Frühjahr und Sommer tun.

Ein Fensterbrett ist der ideale Ort für die Nachzucht von Gemüse.

Welche Erde ist geeignet?

Besonders wichtig für das Gedeihen der jungen Pflanzen ist die Erde oder das Substrat, in dem sie stehen. Hier lohnt es sich, genau hinzusehen und eine gute Wahl zu treffen.

Was ist ein Substrat?

Im Gartenbau ist das Substrat die Basis, auf der sich die Pflanzen entwickeln können. Es kann aus Sediment, Erde, Schlamm, Gestein etc. bestehen.

Welches Substrat ist das richtige?

Am besten geeignet ist Gartenerde. Dabei stehen zwei Optionen zur Verfügung. Sie möchten lieber zu 100 Prozent Erfolg als nur zu 98 Prozent? Dann wählen Sie Gartenerde, die von allen Mikroorganismen befreit wurde. Die Erfolgsquote ist mit dieser Gartenerde höher, sie kostet jedoch mehr und läuft dem Null-Abfall-Prinzip zuwider. Es handelt sich dabei um eine Veränderung eines Naturproduktes. Ich für meinen Teil bevorzuge spezielle Gartenerde für den Gemüsegarten. Diese enthält alles, was für das gute Wachstum der Pflanzen benötigt wird, und ist dabei ein reines Naturprodukt. Dass darin Pilze vorhanden sind, die mit bloßem Auge nicht zu erkennen sind, ist eher ein Vorteil und hilft den Pflanzen, insbesondere was die Wasseraufnahme angeht.

Und wenn ich im Freiland anpflanze?

Es ist gut, wenn Sie den pH-Wert des Bodens in Ihrem Gemüsegarten kennen. Tester gibt es in jedem Gartencenter. Bei einem zu alkali-

Gartenerde ist ideal: Der Boden ist dann locker, gut durchlüftet und kann Wasser speichern.

Dieser Zweig Basilikum bildet im Wasser Wurzeln aus.

schen (über 8) oder zu sauren pH-Wert (unter 5,5) könnte es Probleme geben.

Kompost ist ganz allgemein ein unverzichtbarer Verbündeter beim Gärtnern. Auch die Pflanzenanzucht macht da keine Ausnahme. Wenn man den Boden mit Nährstoffen anreichert, bekommen die Pflanzen alles, was sie zum Wachsen und Gedeihen brauchen. Wenn Sie keinen Komposter haben, können Sie Gartenerde kaufen, die bereits mit Nährstoffen angereichert wurde.

Wasser als Substrat?

Ich empfehle immer wieder, Pflanzenteile in Wasser zu stellen, um sie wachsen und vor allem schneller Wurzeln entwickeln zu lassen.

Außer bei einigen speziellen Arten kann das Substrat langfristig jedoch nicht nur aus Wasser bestehen. Im stehenden Wasser entwickeln sich nämlich Bakterien, die Pflanzen faulen lassen. Außerdem brauchen die Keimlinge Erde zur Nährstoffversorgung.

Wie ist es mit dem Gießen?

Pflanzen brauchen Feuchtigkeit, um wachsen zu können. Regelmäßiges Gießen ist daher unverzichtbar!

Muss die Erde feucht sein?

Ja. Die Erde Ihrer Pflanzen sollte immer so feucht sein wie ein ausgedrückter Schwamm. Es ist vor allem wichtig, die Feuchtigkeit konstant zu halten, insbesondere zu Beginn, da Sie Pflanzenteile verwenden, die noch nicht unbedingt über Wurzeln verfügen.

Regenwasser bevorzugen

Sollten Sie eine Regentonne haben, gießen Sie am besten mit dem Wasser aus dieser Tonne. Das Regenwasser enthält weniger Kalk oder andere Zusätze. Außerdem ist es wirklich nicht nötig, mit kostbarem Trinkwasser zu gießen.

Stressen Sie Ihre Pflanzen nicht!

Wenn Sie nicht genügend gießen, stehen Ihre Pflanzen unter Stress. Dann wachsen sie langsamer und einige werden auch gar nicht überleben! Umgekehrt sollen Pflanzen aber auch nicht ertränkt werden, denn damit steigt das Risiko beträchtlich, dass sie faulen und Krankheiten bekommen.

Ungeahnte Fähigkeiten

Die Feuchtigkeit der Erde ist nicht nur für die Wurzeln wichtig, sondern fördert zusätzlich die Fotosynthese, denn die Feuchtigkeit öffnet die Poren der Blätter. So profitiert die gesamte Pflanze von regelmäßigem Gießen, der Nutzen beschränkt sich also nicht nur auf die Wurzeln.

Im Garten können Kinder das Gießen übernehmen.

Salat gedeiht im Topf ebenso gut wie im Freibeet. Regelmäßiges Gießen ist wichtig!

Muss das Wasser täglich gewechselt werden?

Sie werden einige Pflanzen zunächst in Wasser setzen. Lauch beispielsweise wächst so schneller wieder nach, muss später jedoch unbedingt im Freiland pikiert werden. Stehendes Wasser enthält viele Bakterien. Diese fördern das Wachstum der Pflanzen nicht, da sie zu Fäulnis führen. Für ein optimales Ergebnis ist es daher wichtig, das Wasser täglich oder alle zwei Tage zu wechseln.

Beherzigen Sie die Angaben!

Bei jedem Pflanzen-Steckbrief finden Sie die Angabe zum jeweiligen Wasserbedarf, denn – genau wie beim Licht – haben nicht alle Pflanzen dieselben Bedürfnisse.

HÄUFIGKEIT UND MENGE DES GIESSENS

Gießen Sie nicht zu viel. Die Erde sollte so feucht sein wie ein ausgedrückter Schwamm. Legen Sie einen Zeitpunkt fest. Gießen Sie beispielsweise immer nach dem Abwasch, so vergessen sie es nicht so leicht.

Praktische Hinweise

In Konservendosen umgetopfte Pflanzen

RECYCELN SIE EINFACH!

Sie müssen nicht viel Geld investieren, um Ihre Pflanzen wachsen zu lassen. Verwenden Sie einfach leere Konservendosen, kleine Auflaufformen oder Marmeladengläser. Seien Sie kreativ, dann müssen Sie keine neuen Behältnisse kaufen.

Wann muss umgetopft werden? Braucht es Dünger? Sind irgendwelche Hilfsmittel vonnöten? Hier finden Sie Antworten auf alle Fragen, die Sie sich vielleicht stellen.

Material

Um Gemüse nachzuziehen, brauchen Sie wenig Hilfsmittel. Besorgen Sie sich robuste Zahnstocher, kleine Glasgefäße in verschiedenen Größen und unterschiedliche Töpfe zum Umtopfen. Ein scharfes Messer und sterile oder speziell für den Gemüsegarten bestimmte Gartenerde benötigen Sie ebenfalls.

Das Umtopfen

Das Umtopfen ist sehr wichtig, denn es regt das Pflanzenwachstum an. Die Pflanze zieht aus der Erde alle Nährstoffe, die sie für ihr Wachstum braucht. Zudem stärkt das Umtopfen die Gesundheit der Pflanze und verbessert ihre Widerstandskraft.

Ich gebe Ihnen zu jeder vorgestellten Pflanze die nötigen Informationen, denn nicht alle Pflanzen haben dieselben Bedürfnisse. Darauf müssen Sie sich einstellen, wenn Sie ein gutes Ergebnis erzielen wollen. Sie werden also regelmäßig umtopfen müssen.

WANN UMTOPFEN?

Topfen Sie Pflanzen um, wenn sich Wurzeln gebildet haben. Wenn Sie Ihre Pflanze zunächst in Wasser gesetzt haben und sich nun die ersten Wurzeln zeigen, dann ist es Zeit zum Umtopfen. So bekommt die Pflanze in der Erde alles, was sie braucht.

Topfen Sie um, wenn die Pflanze keinen Platz mehr im Topf hat. Gibt es viel Wurzelwerk im Topf, und sind Wurzeln zu sehen, wenn Sie den Topf hochheben, dann sollten Sie ein größeres Gefäß wählen, um der Pflanze mehr Platz zu bieten.

Topfen Sie um, wenn eine Pflanze älter als ein Jahr ist. Haben Sie der Erde weder Kompost noch Dünger zugesetzt, ist sie karg geworden. Dies ist übrigens leicht festzustellen: Wenn Sie gießen, nimmt die Erde die Feuchtigkeit nicht mehr so gut auf.

Zum Umtopfen wählen Sie einen Topf, der 5–10 cm größer ist als der bisherige. Das reicht für etwa ein Jahr.

Die besten Jahreszeiten zum Umtopfen sind Frühjahr und Herbstbeginn. Vermeiden Sie es, in den sehr heißen Monaten umzutopfen, und gießen Sie reichlich, um der Pflanze die Umgewöhnung zu erleichtern.

Dünger

Zögern Sie nicht, regelmäßig zu düngen. Kompost ist dabei ideal: Er enthält alles, was die Pflanze braucht. Verteilen Sie ihn auf der Erde und gießen Sie rund um die Pflanze. Sie können auch anderen Dünger verwenden, er wirkt aber nicht besser als Kompost. Warten Sie nach dem Umtopfen drei Wochen mit der Zugabe von Nährstoffen.

Welche Vorsichtsmaßnahmen sind für den Winter wichtig?

Die Pflanzen erkennen den Wechsel der Jahreszeit. Natürlich wird das Licht weniger. Wenn Sie jedoch Kompost zuführen und regelmäßig gießen, wird dies keine Auswirkungen haben. Das Gießen ist gerade im Winter entscheidend, denn die Luft ist trockener (vor allem, wenn geheizt wird) und die Pflanze braucht Feuchtigkeit, um ihre Fotosynthese zu optimieren. Denken Sie also daran, gut zu gießen.

Das Umtopfen ist sehr wichtig, damit sich die Pflanze gut entwickeln kann.

1

Gemüse,
das endlos nachwächst

Das meiste Gemüse lässt sich problemlos nachziehen.
Wichtig ist allerdings, die für das jeweilige Gemüse –
Blattgemüse, Wurzelgemüse, Fruchtgemüse etc. –
richtige Methode anzuwenden. Sie finden im Folgenden
praktische Tipps und Informationen zum Licht- und Wasserbedarf der jeweiligen Pflanzen. Regrow ist wirklich einfach,
und sicher bekommen Sie schnell Lust, diese Methode auch
mit anderen Gemüsesorten auszuprobieren.

Rote Bete

Die sehr gesunde Rote Bete dient als natürlicher Farbstoff und gehört zur selben Familie wie die Weiße Rübe. Alles an ihr ist genießbar: die Wurzelknolle ebenso wie die Blätter.

Herkunft

Die Rote Bete stammt von der Wilden Rübe (Beta vulgaris subsp. maritima) ab, die wie Unkraut wild wächst. Seit Urzeiten wurden ihre Blätter wie beim Mangold geerntet. Erst sehr viel später hat man begonnen, auch die Wurzel zu essen.

Zubereitung

Da alles von der Pflanze genießbar ist, ist sie kulinarisch vielseitig einsetzbar. Die jungen Sprossen schmecken ausgezeichnet im Salat. Sind die Blätter größer geworden, können sie wie Spinat gebraten oder gekocht werden. Die Knollen sind gekocht als Salat ein Genuss. Schließlich kann aus der Roten Bete auch Saft erzeugt werden.

Bitte beachten!

Bereitet man Rote Bete roh zu, muss sie mit einem sauberen Messer geschnitten werden.

Bei der Nachzucht darf der Wurzelteil nicht bedeckt werden, sondern wird nur auf ein Substrat gelegt, das feucht gehalten wird.

Die Ernte

Beim Nachziehen von Roter Bete gewinnt man nur neue Blätter. Da der Anbau aber sehr einfach ist und schnell geht, ist dies eine gute Option.

Was ist zu tun?

1 Den oberen Teil der Rote Bete dort abschneiden, wo die Blätter entfernt wurden. Mindestens 3 cm der Knolle behalten.

2 Das abgeschnittene Stück mit der Schnittfläche nach unten in ein Gefäß mit Wasser stellen. Das Wasser alle zwei oder drei Tage wechseln. Sobald sich die ersten Blätter zeigen, folgt Schritt 3.

3 Die jungen Rote-Bete-Pflanzen nicht tief in feuchte Gartenerde setzen. Bis zur Ernte der Blätter für eine konstante Feuchtigkeit sorgen.

SCHON GEWUSST?

Mit der Roten Bete verwandt ist die Zuckerrübe, aus der ein Großteil des Zuckers hergestellt wird, den wir verzehren. Frankreich ist weltweit der führende Produzent von Roter Bete, deutlich vor Russland oder Deutschland.

GUTE BEDINGUNGEN

LICHT:	☼ ☼ ☼ ☼ ☼
WÄRME:	🌡 🌡 🌡 🌡 🌡
FEUCHTIGKEIT:	💧 💧 💧 💧 💧
SCHWIERIGKEITSGRAD:	✿ ✿ ✿ ✿ ✿

Karotte

Genau wie bei den Radieschen haben wir die schlechte Angewohnheit, nur einen Teil der Pflanze zu essen: die Wurzel. Dabei schmeckt auch das Grün sehr lecker und lässt sich leicht zubereiten.

Herkunft

Bereits lange vor unserer Zeit hat der Mensch dieses Gemüse verzehrt, allerdings nicht in der Form, die wir heute kennen: Die Karotte war weißlich und faserig und daher nicht sehr beliebt. Erst Mitte des 19. Jahrhunderts bekam sie ihre heutige Farbe und ihren leicht süßlichen Geschmack.

Zubereitung

Normalerweise wird die Karotte als Rohkost, Salat oder Beilage gegessen. Sie eignet sich aber auch wunderbar für Püree, Suppe oder eine süße Leckerei wie eine Rüeblitorte. Sie können jedoch auch das leckere Karottengrün essen – in der Pfanne gebraten oder in einer Quiche verarbeitet ein echter Genuss! Sie können das Grün zudem roh unter einen Salat mischen. Besonders gut passt Karottengrün in eine sämige Suppe.

Bitte beachten!

Einige Karotten werden so angebaut, dass sie kaum mehr Grün produzieren. Kaufen Sie Karotten im Bund oder in Bioqualität, um sicherzugehen, dass die Nachzucht auch gelingt.

Die Ernte

Sie ernten nur die Blätter, denn Karotten produzieren keine zweite Wurzel. Das frische Karottengrün können Sie roh im Salat oder in der Pfanne gebraten genießen.

Was ist zu tun?

1 Von den Karotten oben 2–3 cm abschneiden. Das Grün, falls vorhanden, entfernen.

2 Die Karottenstücke mit der Schnittseite nach unten in einen mit Gartenerde gefüllten Topf setzen. Nur leicht in die Erde drücken, die Karotten dürfen nicht vollständig in der Erde stecken.

3 Die Erde feucht halten und den Topf in die Sonne stellen. Nach ca. zwei Wochen können Sie das Grün ernten.

SCHON GEWUSST?

Die Karotte, die wir heute kennen, ist eine Kreuzung aus der weißen und der roten Karotte.
Karotten verbessern unser Sehvermögen, vor allem in der Dunkelheit. Sie unterstützen zudem die Hautbräunung.

GUTE BEDINGUNGEN

LICHT:	☼ ☼ ☼ ☼ ☼
WÄRME:	🌡 🌡 🌡 🌡 🌡
FEUCHTIGKEIT:	💧 💧 💧 💧 💧
SCHWIERIGKEITSGRAD:	✿ ✿ ✿ ✿ ✿

Radieschen

Es ist ein Kinderspiel, Radieschen zu züchten. Sie stecken voller Vitamine.

Herkunft

Radieschen sind mit großer Sicherheit erstmals in Kleinasien aufgetaucht. Bei den Ägyptern wurden sie bereits vor 4000 Jahren gegessen. Bei den Griechen war dieses Gemüse Apollo geweiht. Man konnte ihm sogar Radieschen opfern, die allerdings aus Gold waren. Sicher verzehrte man das Gemüse nicht in der heutigen Form. Denn die rosa Radieschen kamen erst später nach Europa.

Zubereitung

Radieschen werden eigentlich nie gekocht, seit dem Mittelalter isst man sie roh und nur mit Salz gewürzt. Dabei schmecken sie kurz blanchiert sehr gut. Wunderbar machen sie sich auch in dünne Scheiben geschnitten im Salat. Essen Sie auf jeden Fall auch das Grün, denn es ist ebenfalls köstlich. Sie können es zubereiten wie Spinat und mit etwas Zitrone würzen. Probieren Sie unbedingt auch andere Radieschensorten, es gibt sie in verschiedenen Farben!

Bitte beachten!

Radieschen reagieren empfindlich auf Wassermangel, und nur, wenn regelmäßig gegossen wird, sprießt das Grün. Sobald es die richtige Größe erreicht hat, wird es geerntet, der Rest wandert in den Kompost.

Die Ernte

Beim Nachwachsen bilden sich keine neuen Radieschen, aber neue Blätter. Die jungen Triebe schmecken sehr gut im Salat.

Was ist zu tun?

1 Die Radieschen quer durchschneiden, dabei nur 1–2 cm von der Seite mit dem Grün behalten. Ein sehr sauberes und scharfes Messer dafür verwenden.

2 Die Teile mit den abgeschnittenen Blättern mit der Schnittfläche nach unten in einen Topf mit feuchter Gartenerde setzen. Die Radieschen-Stecklinge nur ganz leicht in die Erde drücken, sie können aber eng nebeneinanderstehen.

3 Regelmäßig gießen und den Topf in die Sonne stellen. Ernten, sobald die Blätter groß genug sind.

SCHON GEWUSST?

Die Redensart »die Radieschen von unten ansehen« bedeutet, tot und begraben zu sein.

GUTE BEDINGUNGEN

LICHT:	☼ ☼ ☼ ☼ ☼
WÄRME:	🌡 🌡 🌡 🌡 🌡
FEUCHTIGKEIT:	💧 💧 💧 💧 💧
SCHWIERIGKEITSGRAD:	✿ ✿ ✿ ✿ ✿

Weiße Rübe

Die Weiße Rübe lässt sich sehr leicht nachziehen, allerdings erhält man wie bei der Karotte oder der Roten Bete nur junges, aber absolut köstliches Grün.

Herkunft

Die Weiße Rübe ist eine europäische Pflanze, die heute aber bis nach Indien verbreitet ist. Bis zur Ankunft der Kartoffel war die Weiße Rübe ein gängiges Alltagsgemüse. Archäologische Ausgrabungen haben nachgewiesen, dass die Rüben in Asche gegart wurden. Durch ihren Beinamen »Gemüse der Armen« verlor die Rübe nach und nach ihren Status als Star unter den Gemüsen.

Zubereitung

Wegen ihres kräftigen Geschmacks häufig vernachlässigt, hat die Weiße Rübe nicht das Ansehen, das sie verdient. Die jungen Rüben genießt man sowohl roh als auch gekocht. Man kann sie auch reiben. Probieren Sie sie, Sie werden begeistert sein. Auch die knackigen Blätter der Rüben sind essbar und haben es wirk-lich verdient, entdeckt zu werden. Die jungen Triebe schmecken nicht nur im Salat, sondern auch in anderen Gerichten.

Bitte beachten!

Damit die Nachzucht gelingt, ist es entscheidend, Weiße Rüben mit Blattansätzen zu wählen. Die Stiele können abgeschnitten sein, sollten aber schön frisch sein.

Die Ernte

Geerntet werden die Blätter, denn die Rüben produzieren keine zweite Knolle. Da die Weißen Rüben nicht alle im selben Tempo wachsen, erhalten Sie immer wieder unterschiedlich große Blätter.

Was ist zu tun?

1 Von den Weißen Rüben oben den Bereich mit den Blattansätzen abschneiden, dabei etwa 2–3 cm der Knolle bewahren. Falls vorhanden, auch die Blätter abschneiden.

2 Die Weißen Rüben mit der Schnittfläche nach unten in einen mit Gartenerde gefüllten Topf setzen. Nur leicht in die Erde drücken, die Rüben sollen nicht ganz in der Erde stecken.

3 Die Erde feucht halten und den Topf in die Sonne stellen. Nach ca. zwei Wochen können Sie das Grün ernten.

SCHON GEWUSST?

Die Weiße Rübe und seltener die Rote Bete wurden lange vor dem Kürbis als Laterne zu Halloween verwendet. Dabei handelt es sich um eine Tradition der keltischen, also nordischen Länder, wo sich Kürbis schwerer anbauen ließ als die Weiße Rübe. Als Halloween seinen Weg nach Amerika fand, ersetzte der Kürbis die Weiße Rübe.

GUTE BEDINGUNGEN

LICHT:	☀ ☀ ☀ ☀ ☀
WÄRME:	🌡 🌡 🌡 🌡 🌡
FEUCHTIGKEIT:	💧 💧 💧 💧 💧
SCHWIERIGKEITSGRAD:	✿ ✿ ✿ ✿ ✿

Topinambur

Der Topinambur ist ein in Vergessenheit geratenes Gemüse, was sehr schade ist. Dieses Wurzelgemüse schmeckt köstlich und der Anbau ist einfach. Probieren Sie es aus!

Herkunft

Der Topinambur stammt aus Brasilien, genauer gesagt von einem Volksstamm, der ihm seinen Namen gegeben hat: von den Tupinambá. Nach Europa kam er durch Samuel de Champlain, den französischen Kolonisator Kanadas. Durch die Verbreitung der Kartoffel geriet die Knolle in Vergessenheit, was den Tieren zugutekam, an die sie nun vermehrt verfüttert wurde. Im Zweiten Weltkrieg wurde Topinambur aus der Not heraus mancherorts wiederentdeckt.

Zubereitung

Der an die Artischocke erinnernde Geschmack mit einer leicht süßen Note begeistert Feinschmecker und Genießer. Topinambur wird nicht geschält, sondern in einer Schüssel mit Wasser und einem Schuss Zitronensaft abgebürstet. Gegessen wird er als Püree, als Ofengemüse, gedämpft, in der Pfanne gebraten oder roh gerieben.

Bitte beachten!

Die Knollen müssen reif sein, damit sie geerntet werden können. Der oberirdische Teil der Pflanze beginnt dann zu welken. Lassen Sie ruhig einige Knollen im Boden. Sie treiben im nächsten Jahr wieder aus.

Die Ernte

Neue Topinamburen. Pro Knolle ernten Sie 2–3 kg.

Was ist zu tun?

1 Mit dem Anbau können Sie schon im Januar im Haus beginnen. Topinamburen mit Augen in zwei gleiche Teile schneiden. Jedes Teilstück muss mindestens ein Auge haben.

2 Sie müssen die Topinamburstücke nicht erst in Wasser stellen. Machen Sie das nur, wenn die Stücke nicht wirklich frisch zu sein scheinen.

3 Die Stücke in große Töpfe mit ca. 15 cm Durchmesser pflanzen. Regelmäßig, aber nicht zu viel gießen. Nach ein paar Wochen zeigen sich die ersten Triebe. Ins Freie umpflanzen oder im Topf lassen. Ein knappes Jahr ungestört wachsen lassen.

SCHON GEWUSST?

Angeblich sorgt Topinambur für Gase im Darm. Richtig oder falsch? Tatsächlich enthält er Inulin, das für uns unverdaulich ist. Daher gärt er im Darm, vor allem bei sehr empfindlichen Personen. Es stimmt also!

GUTE BEDINGUNGEN

LICHT: ☀ ☀ ☀ ☀ ☀

WÄRME: 🌡 🌡 🌡 🌡 🌡

FEUCHTIGKEIT: 💧 💧 💧 💧 💧

SCHWIERIGKEITSGRAD: ❀ ❀ ❀ ❀ ❀

Süßkartoffel

Sie ist in Europa lange verkannt und wenig verwendet worden. Inzwischen bekommt man sie fast überall, und das ist gut so, denn sie schmeckt wirklich wunderbar. Sorten mit orangem Fruchtfleisch haben einen höheren Gehalt an Betacarotin.

Herkunft

Ihre Herkunft ist geheimnisumwoben. Wahrscheinlich stammt sie aus Mittelamerika. Archäologen haben ihre Spur 8000 Jahre vor unserer Zeit in Peru gefunden, ohne allerdings belegen zu können, ob sie wild gewachsen ist oder angebaut wurde. In Indien kultivierte man sie bereits vor dem 16. Jahrhundert. Ihren Weg nach Europa fand sie durch Christoph Kolumbus.

Zubereitung

Sie wird zubereitet wie die Kartoffel. Allerdings kann man sie wegen ihrer leichten Süße auch sehr gut für Backwaren verwenden. Sie lässt sich gut belegen, als Gratin backen und zu Gnocchi oder Aufstrich verarbeiten. Die Möglichkeiten sind vielfältig. Rezepte dafür finden Sie in vielen Kochbüchern oder im Internet.

Bitte beachten!

Die Süßkartoffel braucht genau wie die Kartoffel Platz, um gut gedeihen zu können. Wählen Sie daher große Töpfe oder bauen Sie gleich im Freiland an. Die Süßkartoffel ist zudem dekorativ, denn sie bekommt hübsche Blüten. Am besten beginnen Sie mit der Nachzucht im Januar, damit die Pflanzen im Frühjahr bereit sind zum Auspflanzen.

Die Ernte

Wenn es gut läuft, können Sie pro Pflanze ein Dutzend Süßkartoffeln ernten.

Was ist zu tun?

1 Suchen Sie eine Süßkartoffel aus, die Augen zu bilden beginnt, und schneiden Sie sie in 2–3 cm große Stücke. Im Idealfall hat jedes Stück ein Auge.

2 Nun gibt es zwei Möglichkeiten. Entweder lassen Sie die Süßkartoffeln in Wasser keimen, bis nach etwa zwei Wochen einige Wurzeln zu sehen sind. Regelmäßiges Wasserwechseln nicht vergessen! Oder Sie pflanzen die Stücke direkt in Erde ein, was ich empfehle.

3 Nach den Eisheiligen (um den 11. Mai) können die Süßkartoffeln nach draußen, entweder in einem sehr großen Topf oder gleich in die Erde. Die Pflanzen regelmäßig, aber nicht zu stark gießen. Ernten können Sie nach drei bis vier Monaten. Achtung: Süßkartoffeln müssen schnell aufgegessen werden.

SCHON GEWUSST?

Man nennt die Süßkartoffel wegen ihrer Ähnlichkeit mit der Kartoffel auch »Batate«. Dieser Begriff kommt vom spanischen *batata*. Die Süßkartoffel hat zahlreiche Verwandte, die unsere Beete zieren. Dabei handelt es sich um reine Zierpflanzen, die Prunkwinden. Essen Sie diese jedoch nicht, sie sind ungenießbar.

GUTE BEDINGUNGEN

LICHT:	☼ ☼ ☼ ☼ ☼
WÄRME:	🌡 🌡 🌡 🌡 🌡
FEUCHTIGKEIT:	💧 💧 💧 💧 💧
SCHWIERIGKEITSGRAD:	✿ ✿ ✿ ✿ ✿

Kurkuma

Die Kurkuma wird gern getrocknet und als Pulver zum Kochen verwendet, doch schmeckt die Verwandte des Ingwers gerade frisch ausgezeichnet und ist sehr gesund. Sie eignet sich als natürlicher Farbstoff, wirkt antioxidativ, entzündungshemmend und fördert die Verdauung. Frisch ist Kurkuma schwer zu bekommen, also am besten selbst anbauen!

Herkunft

Die Kurkuma kommt aus Südasien. In Indien wird sie sehr viel angebaut und ist ein Hauptbestandteil der berühmten Curry-Gewürzmischung.

Zubereitung

Viele Menschen kennen nur die getrocknete Kurkuma in Pulverform. Sie kann aber wie der Ingwer frisch verwendet werden. Bei beiden spricht man von Rhizomen. Es empfiehlt sich, Kurkuma mit Pfeffer zu kombinieren, um die Aufnahme durch den Körper zu verbessern. Rühren Sie Kurkuma wie andere Gewürze in Ihre Gerichte oder geben Sie es in Kochwasser für Reis.

Bitte beachten!

Kurkuma ist nicht nur gesund, sondern auch hübsch anzuschauen. Der Anbau ist allerdings nicht ganz einfach. Im Oktober und November braucht die Pflanze eine Ruhephase und ein Zuviel an Wasser in dieser Zeit lässt sie faulen. Um dies zu vermeiden, nehmen Sie die Rhizome aus der Erde und lagern sie trocken, bevor Sie wieder mit der Zucht beginnen.

Die Ernte

Sie ernten Rhizome und können sie jeweils nach Bedarf aus der Erde holen.

Was ist zu tun?

1 Die Kurkuma in 2 ½ cm große Stücke mit Augen schneiden. Die Stücke zwei Tage bei Zimmertemperatur trocknen lassen, damit die Kurkuma nicht fault.

2 Die Stücke in feuchte, aber nicht nasse Gartenerde pflanzen. Die Augen der Kurkuma müssen nach oben zeigen. Mit 2–3 cm Erde bedecken. Der Abstand zwischen zwei Keimlingen muss mindestens 7 cm betragen.

3 Den Topf an einen sehr sonnigen Platz stellen. Je weiter sich die Kurkuma entwickelt, desto schneller trocknet die Erde aus. Es muss dann mehr gegossen werden.

SCHON GEWUSST?

Die Kurkuma ist ein kraftvoller Farbstoff. Damit lassen sich viele Lebensmittel, aber auch Kosmetika und Stoffe färben. Es ist daher empfehlenswert, bei der Verarbeitung Handschuhe zu tragen oder die Hände sofort danach zu waschen, sonst werden sie orange.

GUTE BEDINGUNGEN

LICHT:	☼ ☼ ☼ ☼ ☼
WÄRME:	🌡 🌡 🌡 🌡 🌡
FEUCHTIGKEIT:	💧 💧 💧 💧 💧
SCHWIERIGKEITSGRAD:	✿ ✿ ✿ ✿ ✿

Ingwer

Ingwer ist nicht nur seit Urzeiten eine Heilpflanze, sondern verleiht auch vielen Gerichten eine besondere Würze. Er fördert die Verdauung, hilft bei Übelkeit und Erbrechen und kann in der Migränebehandlung sinnvoll sein. Er wirkt stark antioxidativ und sogar als Aphrodisiakum. Zudem wächst er problemlos im Zimmer. Zögern Sie also nicht, sich daran zu versuchen.

Herkunft

Erstmals aufgetaucht ist Ingwer in Indien. Man geht davon aus, dass er seit mindestens 2800 Jahren angebaut wird. Gegessen wird das Rhizom, also die Wurzel der Pflanze. Heute wird Ingwer hauptsächlich in Indien, China und Indonesien angebaut.

Zubereitung

Verwendet wird Ingwer hauptsächlich als Gewürz, dabei reibt man etwas von dem geschälten Rhizom in die Gerichte. Er lässt sich aber auch marinieren oder einlegen. Auch zur Zubereitung von Tee eignet er sich gut. In der indischen und chinesischen Küche wird er viel eingesetzt. Er ist die ideale Würze für Gerichte, auch bei einer salzlosen Diät. Er kann tiefgefroren aufbewahrt werden. Ingwer einfach schälen und einfrieren. Bei Bedarf die benötigte Menge reiben und den Rest sofort wieder ins Tiefkühlfach legen.

Bitte beachten!

Die Nachzucht von Ingwer ist nicht sehr einfach, aber der Versuch lohnt sich. Sollten Sie keinen Ingwer zum Verzehr erhalten, dann bekommen Sie wenigstens eine schöne exotische Pflanze. Nach einer einjährigen Zucht müssen die Stängel aus der Erde gezogen, die Rhizome gereinigt und für eine weitere Nachzucht aufgeschnitten werden.

Die Ernte

Sie ernten je nach Bedarf die einzelnen Rhizome.

2 Die Stücke in feuchte, aber nicht nasse Gartenerde pflanzen. Die Augen des Ingwers müssen nach oben zeigen. Mit 2 cm Erde bedecken. Zwischen zwei Keimlingen müssen mindestens 7 cm Platz sein.

3 Den Topf an einen sehr sonnigen Platz stellen. Je weiter sich der Ingwer entwickelt, desto schneller trocknet die Erde aus. Es muss dann mehr gegossen werden.

Was ist zu tun?

1 Ein großes Stück Ingwer auswählen und zerkleinern. Stücke mit Augen nehmen und zwei Tage bei Zimmertemperatur trocknen lassen, damit sie nicht faulen.

SCHON GEWUSST?

In japanischen Restaurants bekommt man rosafarbenen marinierten Ingwer. Dies ist das Ergebnis einer chemischen Reaktion mit dem Reiswein und dem Zucker.

GUTE BEDINGUNGEN

LICHT:	☼ ☼ ☼ ☼ ☼
WÄRME:	🌡 🌡 🌡 🌡 🌡
FEUCHTIGKEIT:	💧 💧 💧 💧 💧
SCHWIERIGKEITSGRAD:	✿ ✿ ✿ ✿ ✿

Lauch

Lauch zählt sicher nicht zum Lieblingsgemüse von Kindern, wird aber beim Kochen gerne verwendet. Er ist einfach anzubauen und hat so viele Vorteile, dass er regelmäßig auf dem Speiseplan stehen sollte.

Herkunft

Man geht davon aus, dass Lauch bereits vor 4000 Jahren angebaut wurde. In Ägypten zeigten einige Wandmalereien, dass er auf dem Speiseplan stand. Der römische Kaiser Nero war von seinen Vorzügen überzeugt und aß mehrmals täglich Lauch.

Zubereitung

Lauch ist ebenso einfach anzubauen wie zuzubereiten. Er gehört zur Familie des Knoblauchs und der Zwiebel. Für die Zubereitung gibt es unendlich viele Möglichkeiten: als Salat mit Vinaigrette, gedünstet als Gemüse, als Suppe ... Reich an Geschmack, harmoniert er gut mit anderem Gemüse und kommt daher oft in Gemüsemischungen zum Einsatz.

Bitte beachten!

Zum Schneiden ein sehr sauberes Messer verwenden. Lauch kann nur einmal nachwachsen, sonst beginnt er, zu blühen. Er kann im Haus ebenso angebaut werden wie im Freiland.

Die Ernte

Sie erhalten einen neuen Lauch, der kleiner und zarter ist.

Wenn Sie ihn blühen lassen, können Sie die Samen gewinnen und diese dann im März aussäen. Die Pflanzen verziehen, wenn der Lauch die Größe eines Bleistifts hat.

Was ist zu tun?

1 Den unteren Teil der Lauchstange in einer Höhe von etwa 5 cm abschneiden. Die Wurzeln dranlassen.

2 Die Stücke in Glasgefäße setzen und diese anschließend mit lauwarmem Wasser füllen. Achtung: die Pflanzen nicht ganz ins Wasser stellen, nur der untere Teil sollte immer im Wasser stehen. Das Wasser alle zwei Tage wechseln.

3 Nach einer Woche den Lauch ins Freie oder in einen Topf pflanzen. Nicht zu tief in die Erde setzen. Lauch wächst auch auf dem Fensterbrett sehr gut.

SCHON GEWUSST?

In der Jugendsprache wird als »Lauch« jemand bezeichnet, der wenig zu sagen hat oder dünn und kaum muskulös ist. Der Begriff steht auch für Trottel oder Schwächling.

GUTE BEDINGUNGEN

LICHT:	☼ ☼ ☼ ☼ ☼
WÄRME:	🌡 🌡 🌡 🌡 🌡
FEUCHTIGKEIT:	💧 💧 💧 💧 💧
SCHWIERIGKEITSGRAD:	❀ ❀ ❀ ❀ ❀

Stangensellerie

Der Stangensellerie ist in der Küche ein Star: Er hat wenig Kalorien und schmeckt sehr aromatisch.

Herkunft

Der ursprüngliche Sellerie, auch Apium genannt, ist eine Heil- und Zierpflanze aus Italien. Seit dem Altertum nutzte man ihn, insbesondere bei den Griechen, als Heilpflanze, später auch als Aromapflanze. In der Renaissance begann man, Stangensellerie als Würzmittel einzusetzen. Erst seit dem 19. Jahrhundert verwenden wir ihn als Gemüse.

Zubereitung

Nicht vergessen, beim Schälen der Stangen auch die Fäden abzuziehen, so schmeckt er besser. Man kann den Stangensellerie roh mit einem beliebigen Dip knabbern, in einer Gazpacho, einem Salat oder als Gratin genießen. Er eignet sich auch gut für Aufläufe oder Fischgerichte. Werfen Sie die Blätter nicht weg, sondern aromatisieren Sie damit Suppen und Brühen.

Bitte beachten!

Stangensellerie braucht sehr viel Feuchtigkeit. Anstatt die Erde regelmäßig mit einer Sprühflasche zu besprühen, können Sie den Topf in einen Gefrierbeutel mit einigen Löchern setzen.

Die Ernte

Sie ernten Stangen und Blätter zum Verzehr. Zwar braucht der Stangensellerie lange, um zu wachsen, ist aber ideal für die Nachzucht.

Was ist zu tun?

1 Die Blätter und Stängel vom Sellerie so abschneiden, dass ein mindestens 5 cm hoher Strunk für die Nachzucht erhalten bleibt.

2 Den Strunk mit der Schnittfläche nach oben in ein Glas mit Wasser stellen. Das Wasser sollte nicht zu kalt sein und der Strunk sollte bis etwa zur Hälfte darin stehen. Das Wasser alle zwei Tage wechseln.

3 Nach einer Woche zeigen sich die ersten Blätter. Nun die Pflanze in Erde setzen, dabei sollen nur die neuen Blätter herausschauen. Regelmäßig gießen und etwa sechs Wochen warten, bis ein neuer Stangensellerie gewachsen ist.

SCHON GEWUSST?

Der Stangensellerie galt lange Zeit als Aphrodisiakum. Und tatsächlich haben Wissenschaftler nachgewiesen, dass der Verzehr von Sellerie Männer für Frauen auf jeden Fall attraktiver macht.

GUTE BEDINGUNGEN

LICHT: ☼ ☼ ☼ ☼ ☼

WÄRME: 🌡 🌡 🌡 🌡 🌡

FEUCHTIGKEIT: 💧 💧 💧 💧 💧

SCHWIERIGKEITSGRAD: ✿ ✿ ✿ ✿ ✿

Fenchel

Fenchel schmeckt ein wenig nach Anis und wird in der mediterranen Küche gerne verwendet. Das sehr kalorienarme Gemüse lässt sich als Vorspeise, Hauptspeise und Beilage zubereiten. Und selbst wenn Sie Fenchel nicht gerne essen, lohnt sich die Nachzucht, denn Sie bekommen eine sehr hübsche Pflanze.

Herkunft

Der Fenchel, der seit dem Mittelalter erst in der Toskana, dann im gesamten Mittelmeerraum angebaut wurde, verdankt seine Verbreitung Katharina von Medici. Seit dem Altertum diente er als Würzmittel. Inzwischen wird er in ganz Europa angebaut, ist aber vor allem im Süden beliebt.

Zubereitung

Fenchel macht geradezu süchtig, wenn man seinen anisartigen Geschmack mag. Er schmeckt roh, gerne auch kombiniert mit Orange, als Salat lecker und wird auch kurz angebraten oder dampfgegart sehr geschätzt. Ausgesprochen köstlich ist er eingemacht mit etwas Olivenöl und Zucker.

Bitte beachten!

Damit das Regrowing gelingt, brauchen Sie unversehrte Knollen mit Fenchelgrün. Fenchel liebt gut entwässerte Böden. Lassen Sie die Erde vollständig trocken werden, bevor Sie erneut gießen.

Die Ernte

Sie erhalten neue Knollen und Blätter. Sie können das Grün als Würzmittel verwenden, vor allem interessant sind jedoch die Knollen. Wenn Sie den Fenchel blühen lassen, können Sie die Samen in der Küche einsetzen. Es besteht jedoch wenig Aussicht darauf, sie zum Keimen zu bringen.

Was ist zu tun?

1 Den unteren Teil des Fenchels abschneiden und dabei etwa 5 cm von der Knolle aufbewahren.

2 Den abgeschnittenen Teil in ein Gefäß mit Wasser stellen. Der Strunk sollte bis zur Hälfte im Wasser stehen. Das Wasser alle zwei Tage wechseln und direkte Sonneneinstrahlung meiden, auch wenn der Fenchel Helligkeit sehr schätzt.

3 Sobald sich die ersten (zwei oder drei) Triebe zeigen, den Strunk in Gartenerde pflanzen. Um eine schöne weiße Knolle zu bekommen, je nach Wachstumsgrad immer etwas Erde hinzufügen, sodass der untere Teil der Pflanze stets mit Erde bedeckt ist.

GUTE BEDINGUNGEN

LICHT:	☼ ☼ ☼ ☼ ☼
WÄRME:	🌡 🌡 🌡 🌡 🌡
FEUCHTIGKEIT:	💧 💧 💧 💧 💧
SCHWIERIGKEITSGRAD:	❀ ❀ ❀ ❀ ❀

Knoblauch

Knoblauch wird seit Jahrtausenden verzehrt. Sein Anbau ist einfach und er leistet in der Küche und für unsere Gesundheit gute Dienste.

Herkunft

Erste Hinweise für einen Knoblauchanbau wurden in Zentralasien entdeckt. Sehr rasch verbreitete sich die aromatische Knolle auf der ganzen Welt. Die alten Römer und die Griechen aßen ihn, auf eine Brotscheibe gerieben, sogar zum Frühstück.

Zubereitung

Der Knoblauch muss seine Hüllen fallen lassen, damit er gegessen werden kann. Erst müssen die äußeren Schalen der Knolle entfernt werden, um an die Zehen zu kommen, und dann müssen auch diese von der Schale befreit werden. Damit er leichter verdaulich ist, empfiehlt es sich, den Keim zu entfernen. Knoblauch kann ebenso gut roh wie gekocht genossen werden. Gegart verliert er zwar den Großteil seiner guten Eigenschaften, ist aber milder im Geschmack. Man kann auch einfach nur ein

Brot damit einreiben, um in den Genuss des vollen Aromas zu kommen.

Bitte beachten!

Wenn Ihre Knoblauchknollen im Gemüsekorb keimen, ist das ein gutes Zeichen. Ist dies nicht der Fall, kaufen Sie Bioknoblauch. Dieser wurde nicht behandelt, um das Keimen zu verhindern. Wählen Sie immer die größten Knollen.

Die Ernte

Die Ergebnisse sind unterschiedlich, je nachdem, ob Sie den Knoblauch im Haus oder im Freiland züchten. Draußen bekommen Sie neue Knollen, während Sie drinnen nur mit den Stängeln rechnen können, die sehr schnell wachsen und als Würzmittel verwendet werden. Die Zucht im Topf gelingt bei Ihnen sehr gut? Dann probieren Sie es doch draußen auf einem Fensterbrett.

2 Die Zehen 2 cm tief mit der Spitze nach oben in einen lockeren Boden oder in einen Topf mit Gartenerde setzen. Mit Erde bedecken. Im Idealfall zwischen den Zehen 20 cm Platz lassen, vor allem im Freiland. Einen sonnigen Standort wählen. Gießen, um den Boden feucht zu halten, bis sich Triebe bilden. Dann mit dem Gießen aufhören.

3 Bei einem Anbau im Freiland Blüten sofort abschneiden. (Man kann sie essen.) Die Knollen wachsen dann besser. Wenn die Blätter welk werden, die Knollen ernten und trocknen. Bei einem Anbau im Haus je nach Bedarf ernten, bis alles verbraucht ist.

Was ist zu tun?

Die Knoblauchzehen von der Knolle trennen, ohne sie zu schälen.

SCHON GEWUSST?

Knoblauch wird nachgesagt, Vampire und den Teufel zu vertreiben und vor dem bösen Blick zu schützen. Er soll auch unter anderem auf See ein wertvoller Verbündeter sein. Knoblauch, um den sich viele Mythen ranken, ist natriumarm und daher für eine salzarme Ernährung geeignet und sehr gesund. Er wirkt antiseptisch und ist ein natürliches Antibiotikum.

GUTE BEDINGUNGEN

LICHT:	☼ ☼ ☼ ☼ ☼
WÄRME:	🌡 🌡 🌡 🌡 🌡
FEUCHTIGKEIT:	💧 💧 💧 💧 💧
SCHWIERIGKEITSGRAD:	❀ ❀ ❀ ❀ ❀

Zwiebel

Diesen Gemüseklassiker muss man nicht eigens vorstellen. Zwiebeln werden roh oder gekocht gegessen und in der Hausmannskost ebenso verwendet wie in der Sterneküche.

Herkunft

Der wild wachsende Vorfahr der Zwiebel ist nicht bekannt, man weiß jedoch, dass sie seit 5000 Jahren angebaut wird. Von Mesopotamien bis zum alten China – wo sie das Symbol für Intelligenz war – war die Zwiebel beliebt. Christoph Kolumbus führte sie in Amerika ein.

Zubereitung

Die Zwiebel ist nicht anspruchsvoll: Man isst sie roh, gekocht, gebraten, frittiert ... Sie passt sich unserem Geschmack und den verschiedenen Küchen der Welt an. Sie ist ein fantastischer Geschmacksverstärker und wichtiger Bestandteil so leckerer Gerichte wie Zwiebelsuppe, Flammkuchen oder Zwiebelkuchen.

Bitte beachten!

Einige Zwiebeln sind behandelt, damit sie nicht keimen. Sollten Sie beim Regrow scheitern, kann dies der Grund dafür sein. Am besten ist es daher, Biozwiebeln zu kaufen.

Die verschiedenen Sorten verhalten sich nicht alle gleich. So bevorzugen einige Sorten den Sommer, andere den Winter. Stellen Sie sich darauf ein!

Die Ernte

Sie können zumindest mit leckeren Stängeln rechnen. Das ist dann nur ein halber Misserfolg. Bestenfalls erhalten Sie neue Zwiebeln.

Was ist zu tun?

I Wenn Ihre Zwiebeln im Vorratsschrank zu keimen beginnen, schneiden Sie sie vorsichtig auf, um die Keime zu entfernen. Tun Sie dies nach und nach und essen Sie die nicht verwendeten Teile. Pro Zwiebel bekommen Sie zwei oder drei Keime.

2 Die Keime in Gartenerde pflanzen, dabei das Grüne und ein Viertel des Weißen herausschauen lassen. Die Erde feucht halten.

3 Die Pflanzen in aller Ruhe wachsen lassen, dabei regelmäßig, aber nicht zu reichlich gießen, denn die Zwiebel braucht nicht viel Wasser. Wenn die Blätter gelb werden, die Zwiebeln aus der Erde ziehen und 48 Stunden in der Sonne trocknen lassen. Dann können Sie sie verwenden.

SCHON GEWUSST?

Während es bei uns heißt »Das ist nicht dein Bier«, wenn jemanden etwas nichts angeht, sagt der Franzose: »Das sind nicht deine Zwiebeln.« Der Ausdruck »jemanden zwiebeln« kann unterschiedliche Bedeutungen haben, so etwa jemanden schikanieren oder auch brennend schmerzen, beides wahrscheinlich entstanden, weil man beim Zwiebelschneiden weinen muss. Im Fußballjargon bedeutet der Begriff »schießen«.

GUTE BEDINGUNGEN

LICHT:	☀ ☀ ☀ ☼ ☼
WÄRME:	🌡 🌡 🌡 🌡 🌡
FEUCHTIGKEIT:	◌ ◌ ◌ ◌ ◌
SCHWIERIGKEITSGRAD:	✿ ✿ ✿ ✿ ✿

Frühlingszwiebel

Die Frühlingszwiebel ist ein sehr einfacher Regrow-Kandidat. Der Geschmack der nachgewachsenen Frühlingszwiebeln ist weniger ausgeprägt, wenn sie nicht in Erde wachsen können. Damit ist dies eine ideale Lösung für alle, die empfindlich auf den kräftigen Zwiebelgeschmack reagieren.

Herkunft

Die Frühlingszwiebel stammt aus dem Orient und wurde in China bereits vor über 2000 Jahren angebaut. Durch ihren einfachen Anbau und ihre vielfältige Verwendbarkeit in der Küche hat sie sich in der ganzen Welt verbreitet.

Zubereitung

Die Frühlingszwiebel schmeckt einfach köstlich. Sie gehört zur selben Familie wie die herkömmliche Zwiebel, der Lauch oder auch der Knoblauch. Anders als bei der herkömmlichen Zwiebel können alle Teile gegessen werden. Der Stängel erinnert im Geschmack an Schnittlauch. Die Frühlingszwiebel ist eine Grundzutat in der asiatischen Küche. Roh mischt man sie gerne in Frischkäse und gibt sie in Salate, kurz angebraten passt sie zu Eierspeisen. Die Zubereitung ist einfach und sie ist vielfältig verwendbar. Probieren Sie es einfach aus!

Bitte beachten!

Zwei Methoden funktionieren sehr gut, um Frühlingszwiebeln nachwachsen zu lassen: Die eine – die ich nicht empfehle – besteht darin, die Zwiebel ausschließlich in einem Behälter mit Wasser wachsen zu lassen. Diese Zwiebeln sind dann weniger schmackhaft und enthalten auch weniger Nährstoffe.

Die Ernte

Wenn Sie das wollen, können Sie eine komplette Frühlingszwiebel ernten. Die Ernte wird ähnlich ausfallen wie bei der Originalpflanze. So können Sie das Gemüse endlos nachwachsen lassen. Behalten Sie dabei immer die unteren 5 cm einer Pflanze zurück.

Was ist zu tun?

1 Mit einem sehr sauberen Messer den unteren Teil der Frühlingszwiebel mit der Wurzel abschneiden. Über den Wurzeln sollte das Stück etwa 5 cm lang sein. Je besser der Zustand der Wurzeln ist, desto besser wird später die neue Zwiebel.

2 Die abgeschnittenen Stücke in ein Gefäß mit nicht zu kaltem Wasser stellen. Das Gefäß etwa eine Woche lang auf einem hellen Fensterbrett stehen lassen. Nicht vergessen, das Wasser alle zwei Tage zu wechseln.

3 Wenn die ersten Triebe erscheinen, die Pflanzen in Erde umsetzen, je nach Jahreszeit an einen hellen Ort im Freien oder im Haus. Darauf achten, den unteren Teil der Pflanze mit Erde zu bedecken. Regelmäßig gießen.

SCHON GEWUSST?

Die Frühlingszwiebel wächst langsam. Sie werden daher frühestens nach 14 Tagen neue Frühlingszwiebeln genießen können. Dafür gelingt der Anbau aber problemlos.

GUTE BEDINGUNGEN

LICHT:	☼ ☼ ☼ ☼ ☼
WÄRME:	🌡 🌡 🌡 🌡 🌡
FEUCHTIGKEIT:	💧 💧 💧 💧 💧
SCHWIERIGKEITSGRAD:	✿ ✿ ✿ ✿ ✿

Schalotte

Frankreich ist weltweit führend in der Produktion dieses aromatischen Gemüses. Die Schalotte gehört zur Familie der Zwiebeln und ist ganzjährig verfügbar.

Herkunft

Die Schalotte stammt aus Zentralasien, genauer Turkestan, und soll dort vor über 2000 Jahren aufgetaucht sein. Bei den Persern und den Ägyptern galt sie als heiliges Gemüse. Bereits unter Karl dem Großen baute man sie unter dem Namen Ascalonia an, benannt nach der Stadt Ascalon (oder Aschkelon) in Judäa.

Zubereitung

Die Schalotte wird roh oder gekocht gegessen. Zubereitet wird sie wie die Zwiebel. Roh peppt sie Salate auf, sie schmeckt aber auch gebraten sehr gut. Zu stark bräunen sollte man sie allerdings nicht, dann wird sie leicht bitter. Man kann sie auch mit der Schale einlegen. Probieren Sie mal eine Tarte tatin mit Schalotten, einfach köstlich.

Bitte beachten!

Genau wie der Knoblauch lässt sich die Schalotte in mehrere Zehen teilen. Für die Nachzucht wählt man die größten davon aus.

Die Ernte

Das hängt davon ab, ob Sie sie im Freien oder im Haus nachziehen. Im Freien bekommen Sie neue Schalotten, im Haus nur Stängel, die sehr schnell wachsen und wie Lauchzwiebeln verwendet werden können. Klappt es gut mit dem Anbau im Topf? Dann probieren Sie es doch auch mal draußen auf einem Fensterbrett.

2 Regelmäßig gießen. Die Erde soll feucht, aber nicht nass sein. Im Freien entwickeln die Pflanzen Wurzeln und brauchen Zeit, um Schalotten auszubilden. Im Haus entstehen keine Wurzeln, dafür wachsen schnell Stängel.

3 Die Töpfe an einen sonnigen Ort stellen. Wenn Sie im Herbst pflanzen, müssen Sie mit der Ernte bis zum Frühjahr warten, denn im Winter haben die Schalotten ihre Ruheperiode. Ernten und aus der Erde ziehen, wenn sie ungefähr 5 cm groß sind. Dann 24 Stunden im Freien trocknen lassen, bevor sie im Haus aufbewahrt werden.

Was ist zu tun?

Die Schalotten in Zehen aufteilen und die größten verwenden. Diese Zehen in lockeren Boden oder in einen Topf mit Gartenerde pflanzen, dabei zwischen den Zehen 5 cm Abstand lassen.

SCHON GEWUSST?

Die aromatische Schalotte wird in Europa vor allem in Frankreich (hauptsächlich in der Bretagne und an der Loire), Italien, Ungarn oder Spanien, aber auch in Deutschland angebaut.

GUTE BEDINGUNGEN

LICHT:	☼ ☼ ☼ ☼ ☼
WÄRME:	🌡 🌡 🌡 🌡 🌡
FEUCHTIGKEIT:	💧 💧 💧 💧 💧
SCHWIERIGKEITSGRAD:	❀ ❀ ❀ ❀ ❀

Chinakohl

Der Chinakohl, auch unter den Namen Pekingkohl, Japankohl oder Selleriekohl bekannt, ist ein sehr leckeres Gemüse. Man kann ihn leicht nachzüchten, wenn man nicht alles davon gleich verzehrt. Sie brauchen dazu auf jeden Fall den unteren Strunk. Genießen Sie daher am besten nur die oberen Blätter ohne die unteren Blattstiele.

Herkunft

Der Ursprung dieses Gemüses ist nicht wirklich bekannt. Es soll ungefähr 7000 Jahre alt sein und aus der Kreuzung einer Weißen Rübe mit einem anderen chinesischen Blattgemüse hervorgegangen sein, dem Pak Choi. Sein neuer Status als Superfood sorgt dafür, dass er überall auf der Welt verstärkt angebaut wird.

Zubereitung

Chinakohl wird roh oder gekocht gegessen. Jung (noch keine Woche alt) wird er gerne als Salat zubereitet, danach wird er eher gekocht oder mariniert.

Bitte beachten!

Verwenden Sie ein sehr sauberes Messer, um jede Verbreitung von krankmachenden Keimen zu vermeiden.

Die Ernte

Sie erhalten neue Blätter. Ganz frisch sind sie köstlich und sehr knackig. Genau wie die ursprünglichen Blätter können Sie diese aber auch kochen oder marinieren. Essen Sie regelmäßig Chinakohl. Er soll vor Krebs schützen.

2 Den abgeschnittenen Teil in ein Glasgefäß stellen und Wasser zugießen. Achtung: die Pflanze nicht ganz in Wasser setzen, nur der untere Teil soll im Wasser sein.

3 Das Glasgefäß auf ein sonniges Fensterbrett stellen. Chinakohl liebt einen hellen Standort. Das Wasser alle zwei Tage wechseln. Nach einer Woche den Pflanzenstrunk in Erde umpflanzen. Drei Wochen später können Sie ernten.

Was ist zu tun?

Den Strunk des Chinakohls auf einer Höhe von mindestens 3 cm abschneiden. Der Kohl soll unten einen Durchmesser von 4 cm haben.

SCHON GEWUSST?

Chinakohl ist die wichtigste Zutat für Kimchi. Dabei handelt es sich um ein typisch koreanisches fermentiertes Gericht, das sehr lecker und gesund ist.

GUTE BEDINGUNGEN

LICHT:	☼ ☼ ☼ ☼ ☼
WÄRME:	🌡 🌡 🌡 🌡 🌡
FEUCHTIGKEIT:	💧 💧 💧 💧 💧
SCHWIERIGKEITSGRAD:	✿ ✿ ✿ ✿ ✿

Eichblattsalat

Eichblattsalat ist einer der Salate, deren Nachzucht sehr unkompliziert ist. Allerdings bildet er keinen Kopf aus, doch er wächst gut, aber nur einmal nach.

Herkunft

Die wild wachsende Version soll aus Kurdistan stammen. Man weiß, dass sie bereits zu Zeiten von Herodot angebaut wurde – also 550 v. Chr. –, wahrscheinlich sogar noch deutlich früher. Im 17. Jahrhundert begann man, mehr Salat zu essen, denn in dieser Zeit gelang es erstmals, Pflanzen auch außerhalb ihrer eigentlichen Saison gedeihen zu lassen.

Zubereitung

Eichblattsalat wird hauptsächlich roh gegessen, mit oder ohne weitere Zutaten und als Vorspeise oder komplette Salatmahlzeit. Allerdings schmeckt er auch gekocht überraschend gut. Spülen Sie den Salat vor dem Verzehr gründlich ab, aber lassen Sie ihn nicht in Wasser einweichen. Dadurch würde er den Großteil seiner Vitamine verlieren.

Bitte beachten!

Eichblattsalat lässt sich nicht endlos nachziehen. Es ist jedoch möglich, aus einem Kopf neue Blätter zu gewinnen. Dazu muss der Salat aber frisch geerntet sein.

Die Ernte

Sie bekommen neue Blätter, die zwar kleiner als ursprünglich, aber ebenso schmackhaft sind. Die Salate wachsen, bis sie blühen.

Was ist zu tun?

1 Mit einem sehr sauberen Messer den Salatstrunk in einer Höhe von 3 cm abschneiden.

2 Den Strunk in ein Glasgefäß setzen und Wasser zugießen. Das Wasser darf nicht zu kalt sein! Das Glasgefäß für etwa fünf bis zehn Tage auf ein sonniges Fensterbrett stellen. Nicht vergessen, alle zwei Tage das Wasser zu wechseln. Der Salatstrunk muss immer im Wasser stehen.

3 Wenn Wurzeln zu sehen sind und die Blätter zu sprießen beginnen, den Salat in Erde pflanzen. Nicht zu tief in die Erde setzen, damit die neuen Blätter gut wachsen können.

SCHON GEWUSST?
Salat, vor allem Kopfsalat, war im alten Ägypten ein Symbol für Fruchtbarkeit. Noch heute sagt man ihm dort aphrodisierende Eigenschaften nach: Dieser Glaube beruht auf der milchigen Farbe des Pflanzensaftes.

GUTE BEDINGUNGEN	
LICHT:	☼ ☼ ☼ ☼ ☼
WÄRME:	🌡 🌡 🌡 🌡 🌡
FEUCHTIGKEIT:	💧 💧 💧 💧 💧
SCHWIERIGKEITSGRAD:	❁ ❁ ❁ ❁ ❁

Römersalat

Der knackige Römersalat (auch Romanasalat) ist in der Nachzucht sehr unkompliziert. Er schmeckt frisch und ist daher gerade bei sommerlicher Hitze angenehm zu essen.

Herkunft

Seit der Antike gab es eine wilde Variante, die in Europa gegessen wurde. Die ursprünglich italienische Sorte wurde dann in Avignon auf päpstlichem Boden gezüchtet und erhielt den Namen »Römersalat«. Römersalat ist gerade für den Mittelmeerraum ideal, denn er kommt mit Trockenheit gut zurecht.

Zubereitung

Er ist eine wichtige Zutat im Caesar Salad. Man kann ihn jedoch auch mit anderen Zutaten kombinieren. Er schmeckt leicht bitter und verleiht den Gerichten Struktur.

Römersalat ist sehr gesund, hat wenig Kalorien, ist ballaststoffreich und enthält viel Vitamin C und Vitamin B9.

Bitte beachten!

Man kann Blattsalate nur einmal nachwachsen lassen. Wenn Sie Salat ins Freiland pflanzen und ein Kopf nach dem anderen grundlos gelb wird, liegt das an Würmern. Dann müssen Sie den letzten befallenen Salat aufschneiden, den Wurm im Strunk finden und entsorgen.

Die Ernte

Blattsalat beginnt irgendwann, zu schießen und zu blühen. Daher müssen Sie die neuen Blätter vor der Blütenbildung ernten. Sie erhalten also einen Salat, der kleiner ist als der ursprüngliche.

Was ist zu tun?

1 Mit einem sehr sauberen Messer den
Salatstrunk 5 cm von unten abschneiden.

2 Den Salatstrunk in ein Glasgefäß stellen und Wasser zugießen. Achtung: Das
Wasser darf nicht zu kalt sein! Das Gefäß
anschließend fünf bis zehn Tage auf einem
sonnigen Fensterbrett stehen lassen. Nicht vergessen, das Wasser alle zwei Tage zu wechseln.
Der Salatstrunk muss immer im Wasser sein.

3 Wenn sich Wurzeln zeigen und die
Blätter zu sprießen beginnen, ist der
richtige Zeitpunkt, den Salat in Erde zu pflanzen. Nicht zu tief in die Erde setzen, damit die
neuen Blätter problemlos wachsen können.

SCHON GEWUSST?

Je nach Bedarf können Sie den Salat auf
zwei unterschiedliche Arten ernten: entweder nach und nach, wobei jeweils die äußeren Blätter geerntet werden, oder auf einmal, indem Sie den Salat komplett abschneiden, sobald er eine gute Größe erreicht hat.

GUTE BEDINGUNGEN

LICHT: ☼ ☼ ☼ ☼ ☼

WÄRME: 🌡 🌡 🌡 🌡 🌡

FEUCHTIGKEIT: 💧 💧 💧 💧 💧

SCHWIERIGKEITSGRAD: ✿ ✿ ✿ ✿ ✿

2

Obst nachwachsen lassen

———

Die Nachzucht von Obst ist nicht so schwierig,
wie man meinen könnte! Um Erfolg zu haben,
muss unbedingt die richtige Methode für das jeweilige Obst
angewandt werden und es braucht etwas Geduld.
Bäume brauchen länger zum Wachsen als Gemüse, dafür
sind sie aber auch sehr dekorativ. Im Folgenden erhalten Sie
praktische Tipps und Informationen zum Licht- und
Wasserbedarf der jeweiligen Pflanzen.

Steinobst

Geduld ist geboten, wenn Sie einen Kern einpflanzen und Obst ernten wollen. In den ersten drei bis vier Jahren werden Sie nichts ernten können. Erst wenn ein Baum sechs bis sieben Jahre alt ist, werden Sie sich über einen nennenswerten Ertrag freuen können.

Opfer bringen für eine gute Ernte

Viele junge Bäume neigen dazu, zu viele Früchte zu produzieren. (Selbst wenn es nur drei oder vier sind, kann dies für einen jungen Baum schon zu viel sein.) Dies ist insbesondere in ihrer ersten Lebenszeit der Fall, wenn sie noch nicht in der Lage sind, diese Früchte zur vollen Reife zu bringen. Daher ist es sinnvoll, einige junge Früchte zu pflücken, um dem Baum die Chance zu geben, die restlichen Früchte reifen zu lassen. Aber trotz dieser Vorsichtsmaßnahme werden nicht alle Früchte zur Reife kommen: Keine Sorge, Ihr Baum ist nicht krank oder schwach, er ist einfach noch zu jung.

Wenn Sie einen Baum in die Erde pflanzen, bilden Sie um den Pflanzbereich einen Gießrand, um die Wasseraufnahme zu erleichtern. Setzen Sie auch einen Stützpfahl für den Stamm, ohne diesen zu eng daran anzubinden, sonst könnte er während des Wachstums Schäden davontragen.

Die Avocado ist in der Nachzucht unkompliziert, vorausgesetzt es handelt sich um Bioware.

Lassen Sie beim Pflanzen von Bäumen Ihre Kinder mithelfen. So bekommen sie einen Bezug zur Natur, lernen die Bedürfnisse von Pflanzen kennen und können ihr Wachstum mit dem des Baumes vergleichen.

WANN UND WIE WIRD EIN OBSTBAUM GEPFLANZT?

Obstbäume pflanzen Sie am besten im Herbst, so haben diese Zeit, ihre Wurzeln bis zur Rückkehr der warmen Tage zu entwickeln.

Nach Möglichkeit das Loch für den Baum einen Monat vor dem Pflanzen ausheben. Es sollte groß genug sein, am besten ist ein Loch mit 70 cm Durchmesser und Tiefe.

Am Boden des Loches etwas Kompost mit der ausgehobenen Erde mischen.

Einen kleinen Erdhügel bilden und die Wurzel daraufsetzen.

Bevor Sie die Wurzeln mit Erde bedecken, setzen Sie einen Stützpfahl ein. So umgehen Sie die Gefahr, die Wurzeln beim Einschlagen des Pfahls zu verletzen.

Pflanzloch mit Erde füllen, dabei um das Loch einen Gießrand bilden. Reichlich gießen.

Weitere Methoden

Es gibt verschiedene Arten, Obstbäume und -sträucher zu vermehren. Gängig sind die Nachzucht mit Stecklingen, eine Methode, die sich bei Sträuchern (zum Beispiel Himbeer- oder Johannisbeersträuchern) gut realisieren lässt, oder das Absenken (ideal beispielsweise für Apfelbäume). Viele Bäume können auch gepfropft werden. Diese Methode ist jedoch zu komplex, um hier erklärt zu werden.

Vermehrung durch Stecklinge

Der beste Zeitpunkt für die Vermehrung von Obstbäumen durch Stecklinge ist Oktober oder November. Schneiden Sie einen jungen Trieb mit zwei oder drei Knospen ab und stellen Sie ihn sofort in Wasser. Danach kommt er in Bewurzelungspulver (falls vorhanden) und schließlich in Gartenerde. Feucht halten. Im folgenden Frühling im Freiland auspflanzen.

Die Vermehrung durch Stecklinge ist eine einfache, gut machbare Methode.

Abmoosen mit Luftableger.

Pfropfen ist eine Technik, die sehr erfahrenen Gärtnern vorbehalten ist.

Das Absenken

Die Methode funktioniert bei zahlreichen Arten, insbesondere solchen mit biegsamen Ruten (Haselnussstrauch, Feigenbaum etc.). Das Prinzip besteht darin, einen Zweig zum Boden hin umzubiegen und so lange am Boden zu fixieren, bis dort Wurzeln entstehen. Haben sich Wurzeln gebildet, muss der Zweig nur noch von dem Baum abgeschnitten werden. So bekommen Sie einen jungen Baum mit denselben Merkmalen wie der Mutterbaum. Ähnlich funktioniert das Abmoosen mit einem Luftableger: Das Prinzip ist identisch bis auf die Tatsache, dass man die Erde zum Zweig bringt, indem man ein Gefäß an ihm anbringt.

Avocado

Die Avocado erfordert sehr viel Geduld. Es ist durchaus möglich, Avocados zu ernten, bis dahin müssen Sie aber ungefähr 15 Jahre warten. Erfreuen Sie sich also eher an der Schönheit der Pflanze und ziehen Sie sich eine Zimmerpflanze.

Herkunft

Sie stammt aus Mittel- und Südamerika und wurde bereits von den Maya und den Azteken genossen.

Zubereitung

Die Avocado wird gerne roh und mit etwas Salz und Pfeffer bestreut genossen. Sie eignet sich aber ebenso für die Zubereitung von Desserts oder leckeren Dips wie etwa Guacamole.

Bitte beachten!

Es ist nicht schwierig, aus einer Avocado eine Pflanze wachsen zu lassen, jedoch dauert es sehr lange, bis Sie das Obst ernten können. Für die Vermehrung brauchen Sie unbedingt den Kern einer Bioavocado. Sonst besteht die Gefahr, dass die Pflanze niemals Früchte tragen wird. Sie erhalten relativ schnell eine hübsche Zimmerpflanze, allerdings ist es schwierig, die Pflanze zu einem Avocadobaum weiterzuentwickeln. Bei einer Temperatur von unter 4 °C wird er nämlich nicht größer. Schönes Obst erhält man nur nach einer Fremdbestäubung. Man bräuchte also zwei Bäume.

Die Ernte

Wenn eine Fremdbestäubung, die richtige Temperatur und andere Wachstumsbedingungen gewährleistet sind, ist es durchaus möglich, Früchte zu ernten. Darauf sollten Sie jedoch nicht zu sehr hoffen, erfreuen Sie sich lieber an der schönen Pflanze.

Was ist zu tun?

1 Die Avocado halbieren, dabei darauf achten, den Kern nicht zu beschädigen.

2 Drei Zahnstocher in den Kern stecken. Der obere Bereich des Kerns ist etwas spitzer, der untere breiter – etwa so wie bei einem Ei. Den Kern so auf ein mit Wasser gefülltes Glas legen, dass der untere Teil sich im Wasser befindet. Das Wasser alle zwei Tage wechseln, bis sich Wurzeln bilden.

3 Sobald er Wurzeln bildet und austreibt, den Kern in einen Topf mit Gartenerde pflanzen.

SCHON GEWUSST?

Ursprünglich nannte die indigene Bevölkerung die Avocado *ahua qualt*, was »Hoden« bedeutet. Offenbar wurde da eine große Ähnlichkeit gesehen. In Europa galt die Avocado immer als hochwertiges Produkt, während man ihr in Amerika lange den Beinamen »Butter der Armen« gab.

GUTE BEDINGUNGEN

LICHT:	☼ ☼ ☼ ☼ ☼
WÄRME:	🌡 🌡 🌡 🌡 🌡
FEUCHTIGKEIT:	💧 💧 💧 💧 💧
SCHWIERIGKEITSGRAD:	✿ ✿ ✿ ✿ ✿

Mango

Die Mango ist eine köstliche und fleischige Frucht, die vollreif gegessen wird. Die Farbe ihrer Schale sagt nichts über ihre Reife aus, sondern hängt von der Sorte ab.

Herkunft

Die Mango stammt aus Indien, wo es noch heute wild wachsende Mangobäume gibt. Indien steht weltweit an der Spitze der Mangoproduzenten und kennt über 1000 verschiedene Sorten.

Zubereitung

Man genießt sie hauptsächlich pur oder in Desserts. Die Mango schmeckt jedoch auch in herzhaften Gerichten sehr gut, insbesondere in Fischgerichten oder Currys. Für den vollen Genuss müssen Mangos wirklich reif sein: Drückt man leicht auf die Frucht, sollen leichte Dellen entstehen. Legen Sie eine Mango niemals in den Kühlschrank, denn sie verträgt keine Temperaturen unter 6 °C.

Bitte beachten!

Der Mangobaum braucht etwa zehn Jahre, um maximalen Ertrag zu erbringen. Zwei Monate vor der Blüte setzt man den Baum unter leichten Stress, indem er weniger gegossen wird, so fällt die Ernte üppiger aus.

In unseren Breiten kann der Mangobaum nur als Zimmerpflanze gedeihen, denn er verträgt die Kälte nicht.

Die Ernte

Sind alle Bedingungen erfüllt, können Sie tatsächlich sehr gute Mangos ernten. Richten Sie Ihren Fokus beim Regrow jedoch primär auf den Erhalt einer schönen Zimmerpflanze.

Was ist zu tun?

1 Die Mango halbieren. Den Kern auslösen, vorsichtig öffnen und den Samen herausnehmen.

2 Den Samen in feuchtes Küchenpapier oder feuchten Stoff legen. Dann das Ganze in ein Glas oder einen Beutel geben, luftdicht verschließen und 4–14 Tage ruhen lassen, bis sich Wurzeln zeigen.

3 Anschließend den Samen in einen Topf mit Gartenerde pflanzen, dabei senkrecht mit dem Keim nach oben in die Erde setzen, sodass die Pflanze gut wachsen kann.

SCHON GEWUSST?

Die Mango schmeckt nicht nur gut, sie ist auch unserer Gesundheit zuträglich, denn sie soll Infektionen und Erkältungen vorbeugen, den Darm beruhigen und das Herz stärken.

GUTE BEDINGUNGEN

LICHT:	☼ ☼ ☼ ☼ ☼
WÄRME:	🌡 🌡 🌡 🌡 🌡
FEUCHTIGKEIT:	💧 💧 💧 💧 💧
SCHWIERIGKEITSGRAD:	✿ ✿ ✿ ✿ ✿

Pfirsich

Es gibt ganz unterschiedliche Pfirsiche, sodass für jeden Geschmack etwas dabei ist. Der Pfirsichbaum braucht in unseren Breiten einen sehr geschützten, sonnigen Platz, um zu gedeihen.

Zubereitung

Der Pfirsich wird hauptsächlich roh gegessen. Man kann ihn aber auch in süßen Zubereitungen wie Kompott, Konfitüre, Fruchtgelees etc. kochen.

Bitte beachten!

Nehmen Sie am besten einen Biopfirsich, und wählen Sie eine Sorte, die mit den klimatischen Bedingungen der Region, in der Sie leben, zurechtkommt. Einige Sorten sind nämlich weniger kälteempfindlich als andere. Pfirsichbäume wachsen natürlich im Süden viel besser, aber auch in kühleren Lagen kann der Ertrag gut sein, wenn der Baum entsprechend geschützt wird.

Die Ernte

Sie ernten Pfirsiche, sobald der Baum alt genug ist. Rechnen Sie mit sechs bis sieben Jahren, bis Sie gutes Obst bekommen. Dasselbe Verfahren gilt auch für Nektarinen, Weinbergpfirsiche etc.

Was ist zu tun?

1 Den Pfirsich halbieren und den Kern herausnehmen. Den Kern säubern und anschließend etwa zehn Tage trocknen lassen.

2 Einen Topf zu einem Drittel mit Kies oder Tonkugeln füllen, anschließend eine Mischung aus ⅓ Sand, ⅓ Kompost und ⅓ Gartenerde daraufgeben.

3 Den Kern etwa so tief, wie ein Fingerglied lang ist, in die vorbereitete Erde setzen. Gießen und abwarten!

SCHON GEWUSST?

Weiße Pfirsiche enthalten zwei Arten von Antioxidantien: Betacarotin und Anthocyane, während die gelben Pfirsiche nur Betacarotin aufweisen. Beide versorgen uns mit Provitamin A, Vitamin C und Selen.

GUTE BEDINGUNGEN

LICHT:	☀ ☀ ☀ ☀ ☀
WÄRME:	🌡 🌡 🌡 🌡 🌡
FEUCHTIGKEIT:	💧 💧 💧 💧 💧
SCHWIERIGKEITSGRAD:	✿ ✿ ✿ ✿ ✿

Zitrusfrüchte

Zitrusfrüchte finden in der Küche vielfältige Verwendung. Daher ist es sinnvoll, sie zu Hause anzubauen. Wenn die Pflanzen noch klein sind, kann man sie unbesorgt im Haus behalten.

Herkunft

Nicht alle Zitrusfrüchte haben dieselbe Herkunft. Allerdings stammen sie hauptsächlich aus Asien. Zu Zeiten von Alexander dem Großen erreichten die Zitrusfrüchte, insbesondere die Zitronatzitrone, den Mittelmeerraum.

Weitere Arten kamen später oder entstanden als neue Züchtungen.

Zubereitung

Zitrusfrüchte werden überwiegend roh – das Fruchtfleisch oder der Saft – konsumiert. Ihre Schale wird zum Aromatisieren von Speisen oder Desserts verwendet. Einige Zitrusfrüchte schmecken auch gegart gut, insbesondere in süßen Gerichten.

Bitte beachten!

Verwenden Sie vorzugsweise Biozitrusfrüchte. Der Baum braucht eine spezielle Erde und muss regelmäßig mit einem geeigneten Dünger versorgt werden.

Der Standort ist besonders wichtig, wählen Sie einen sehr hellen und windgeschützten Platz.

Im Süden können Zitrusfrüchte durchaus im Freien stehen, in unseren Breiten vertragen sie jedoch die Kälte nicht.

Die Ernte

Sie können Zitrusfrüchte ernten, allerdings kann das lang dauern. Doch Zitrusfruchtbäume sind häufig sehr dekorativ und erfüllen Ihren Innenraum mit dem Duft ihrer Blüten.

Was ist zu tun?

I Die Zitrusfrucht halbieren und einige Kerne entnehmen. Die Kerne gut reinigen, um den Film, der sie umgibt, zu entfernen. Mit einem Messer erst die weiße, dann die braune Haut jedes Kerns abziehen.

2 Einen Topf zu einem Drittel mit Kies oder Tonkugeln füllen. Anschließend Spezialerde für Zitrusfrüchte daraufgeben. Die Kerne mit der Spitze nach unten einpflanzen und mit Erde bedecken. Den Boden feucht, aber nicht zu nass halten.

3 Den Topf mit einer mit Löchern versehenen Frischhaltefolie abdecken, um Wärme und Feuchtigkeit zu halten. Die Folie zum Gießen abnehmen. Wenn die ersten Triebe da sind, die Folie ganz weglassen.

SCHON GEWUSST?

Zitrusfrüchte, insbesondere Zitronen, halten sich gut. Deswegen waren sie bei den großen maritimen Erkundungen immer mit an Bord, um die Seeleute vor Skorbut zu schützen. Diese heute nahezu ausgerottete Krankheit bricht nämlich bei sehr großem Vitamin-C-Mangel aus.

GUTE BEDINGUNGEN

LICHT:	☼ ☼ ☼ ☼ ☼
WÄRME:	🌡 🌡 🌡 🌡 🌡
FEUCHTIGKEIT:	💧 💧 💧 💧 💧
SCHWIERIGKEITSGRAD:	✿ ✿ ✿ ✿ ✿

Ananas

L ange war die Ananas selten und teuer. Inzwischen bekommt man sie überall. Wer sich mit Regrow beschäftigt, denkt wohl nicht als Erstes an dieses Obst. Man erhöht seine Chancen jedoch, wenn man eine Bioananas nimmt.

Herkunft

Erst 1533 kam die Ananas nach Europa, und zwar an den spanischen Königshof. Damals wurde sie im Gewächshaus gezüchtet, war äußerst selten und der Oberschicht vorbehalten. In den 1980er-Jahren verhalf ihr der zunehmende Warentransport per Flugzeug zu einer größeren Verbreitung in Europa.

Zubereitung

Man isst sie überwiegend roh, pur oder im Obstsalat. Auch gebraten schmeckt sie jedoch sehr gut oder in Kombination mit Schokolade oder Gewürzen.

Bitte beachten!

Die Ananas kann schwierig sein: Sie vermehrt sich aus ihrem Schopf heraus, das sind die Blätter oben an den Früchten. Man muss jedoch etwas Geduld aufbringen: Die Pflanze muss wachsen und eine Blüte ansetzen, die sich in eine Frucht verwandelt. Es kann allerdings Jahre dauern, bis ihre Blüte erscheint. Rechnen Sie daher mit mindestens zwei Jahren. Wählen Sie eine Ananas mit einem möglichst frischen grünen Schopf.

Die Ernte

Sie bekommen eine neue Frucht, eigentlich mehrere Früchte, denn das Obst, das wir essen, ist ein sogenannter Beerenfruchtverband.

Was ist zu tun?

1 Den Schopf mit einem sehr sauberen Messer von der Frucht abschneiden. Das Fruchtfleisch gründlich von dem Schopf entfernen.

2 Die unteren Blätter bis zu einer Höhe von etwas weniger als einem Drittel ausreißen, dann den Schopf in Wasser stellen. Das Wasser alle zwei Tage wechseln. Halten Sie sich genau an die Vorgaben, damit Ihr Vorhaben gelingt.

3 Sobald sich Wurzeln bilden, den Schopf in einen Topf mit Gartenerde pflanzen.

SCHON GEWUSST?

Die gewöhnliche Ananas ist von Natur aus nicht wirklich gelb, sondern eher grüngelb. Die gelbe Farbe wird chemisch erzeugt. Verlassen Sie sich daher bei der Auswahl nicht auf die Farbe! Ziehen Sie an den oberen Blättern. Wenn sie sich leicht ausreißen lassen, muss die Ananas rasch verzehrt werden.

GUTE BEDINGUNGEN

LICHT:	☼ ☼ ☼ ☼ ☼
WÄRME:	🌡 🌡 🌡 🌡 🌡
FEUCHTIGKEIT:	💧 💧 💧 💧 💧
SCHWIERIGKEITSGRAD:	❅ ❅ ❅ ❅ ❅

Apfel

D as Lieblingsobst vieler Menschen ist der Apfel. Schon seit der Jungsteinzeit gibt es zahlreiche verschiedene Sorten mit sehr unterschiedlichem Geschmack. Äpfel sind erwiesenermaßen auch sehr gesund.

Herkunft

Der Apfel ist kein ganz junges Obst, angeblich ist er bereits rund 80 Millionen Jahre alt. Anfangs gab es ihn vor allem in der Türkei, mit der Klimaerwärmung während der Jungsteinzeit hat er sich jedoch ausgebereitet und ist in dieser Zeit sogar bis nach Norditalien vorgedrungen.

Zubereitung

Äpfel sind enorm vielseitig: Sie schmecken roh ebenso wie gekocht (herzhaft oder süß) oder als Saft. Trocknen Sie auch die Schalen und geben Sie diese in Teemischungen. Sie wirken beruhigend und sorgen für ein angenehmes Aroma.

Bitte beachten!

Für die Nachzucht wählen Sie am besten einen Bioapfel. Zu empfehlen sind gerade ältere Sorten, die schmackhafter und auch etwas weniger süß als andere sind. Sie ergeben sehr nährstoffreiche Früchte, auch wenn die Erntemenge geringer sein kann.

Die Ernte

Nach rund zehn Jahren können Sie ausgiebig Äpfel ernten. Wahrscheinlich bekommen Sie bereits früher Obst, aber nur sehr wenig. Das Experiment, einen Kern in einen Apfel zu verwandeln, macht einfach Spaß. Also versuchen Sie es!

Was ist zu tun?

1 Einen Apfel Ihrer Wahl aufschneiden und die Kerne entnehmen. Die Kerne reinigen und einige Tage trocknen lassen.

2 Die Kerne auf feuchte Watte legen und keimen lassen.

3 Sobald die Kerne keimen, in Erde pflanzen, anfangs vorzugsweise in einen Topf, um ihre Entwicklung überwachen zu können. Anschließend den Baum ins Freiland pflanzen und um ihn herum Kapuzinerkresse setzen, um Blattläuse abzuhalten.

SCHON GEWUSST?

Wenn Bananen oder Avocados noch nicht wirklich reif sind, einfach ein paar Äpfel dazulegen. Diese geben das Gas Ethylen ab, das die Reifung der Früchte fördert. Äpfel leisten in der Obstschale also gute Dienste.

GUTE BEDINGUNGEN

LICHT:	☼ ☼ ☼ ☼ ☼
WÄRME:	🌡 🌡 🌡 🌡 🌡
FEUCHTIGKEIT:	💧 💧 💧 💧 💧
SCHWIERIGKEITSGRAD:	✿ ✿ ✿ ✿ ✿

Trauben

Trauben wachsen problemlos nach, es erfordert aber ein bisschen Geduld. Die Bodenqualität bestimmt den Geschmack der Früchte, daher sollten Sie den Standort sorgfältig auswählen.

Herkunft

Wild wachsenden Wein gab es mehr oder weniger überall. Nach und nach wurde er immer weiter kultiviert. In Frankreich begann man erst im 16. Jahrhundert unter Franz I. damit, Trauben zu essen. Zuvor wurden sie ausschließlich für die Weinproduktion angebaut.

Zubereitung

Trauben schmecken zu jeder Tageszeit köstlich. Genießen Sie sie als Obst, Saft oder mit einem Schuss Essig in der Pfanne gebraten zu weißem Fleisch.

Bitte beachten!

Um keimfähige Kerne zu erhalten, brauchen Sie eine Biotraube, die nicht genetisch verändert wurde. Trauben passen sich jedem Bodentyp an. Bis der Rebstock ins Freiland gepflanzt werden kann, ist das Gießen entscheidend.

Die Ernte

Sie können die Weinblätter nutzen und natürlich Weintrauben ernten. Die roten Trauben brauchen länger zum Reifen. Bevorzugen Sie daher weiße Trauben, wenn Sie in einer Region leben, die nicht von der Sonne verwöhnt wird.

Was ist zu tun?

1 Die Traubenkerne sammeln.

2 Die Kerne auf ein Tuch oder auf Küchenpapier legen und etwa zehn Tage
trocknen lassen.

3 Die Kerne dann in einen Topf mit Garten-
erde geben und mit einer dünnen Schicht
Gartenerde bedecken. Die Erde feucht halten.
Im Frühling oder Herbst den Rebstock ins
Freiland pflanzen, wenn er etwa 30 cm hoch ist.

SCHON GEWUSST?

Es ist erwiesen, dass es in Europa seit dem
Ende des Tertiärs Weinstöcke gab. Vor mehr
als 2000 Jahren brachten die Römer die
Reben nach Germanien.

GUTE BEDINGUNGEN

LICHT:	☼ ☼ ☼ ☼ ☼
WÄRME:	🌡 🌡 🌡 🌡 🌡
FEUCHTIGKEIT:	💧 💧 💧 💧 💧
SCHWIERIGKEITSGRAD:	✿ ✿ ✿ ✿ ✿

3

Kräuter, die sich für Regrow eignen

Aromatische Kräuter auf der Fensterbank zu ziehen, ist wirklich einfach. Das einzige Geheimnis, das man kennen muss, ist, dass ganz frische Kräuter besser nachwachsen. Kräuter sind für viele Gerichte unverzichtbar, sie verfeinern den Geschmack und sind zudem sehr gesund.

Wie funktioniert die Nachzucht von Kräutern?

Kräuter stellen keine große Herausforderung bei der Nachzucht dar. Am besten funktioniert eine Methode, bei deren Erwähnung Anfänger womöglich unruhig werden: die Vermehrung mit Stecklingen. Doch bei unkomplizierten Pflanzen ist die Arbeit mit Stecklingen einfach und führt garantiert zum Erfolg.

Die goldenen Regeln für ein sicheres Gelingen

Damit Sie bei Ihrem Vorhaben erfolgreich sind, sollten Sie einige simple Regeln beachten:

- Wählen Sie eher etwas längere Stängel (10–15 cm) aus.
- Entfernen Sie die Blätter von dem Teil, der im Wasser steht, um zu verhindern, dass sie faulen.
- Am oberen Teil des Stängels müssen sich Wachstumszonen befinden, beispielsweise kleine Blätter.
- Wählen Sie den Stängel sorgfältig aus, vor allem dann, wenn Sie auf gekaufte Kräuter zurückgreifen.
- Nehmen Sie ganz frische Kräuter, die nicht schon welken oder faulen.
- Wechseln Sie während der gesamten

Phase, in der sich Wurzeln bilden, alle zwei Tage das Wasser.
- Stellen Sie die Pflanze an einen hellen Ort.

Der Standort ist tatsächlich äußerst wichtig.

Welches Gefäß eignet sich?

Nehmen Sie durchsichtige Glasgefäße. So können Sie auf einen Blick den Zustand des Wassers überprüfen und die Entwicklung verfolgen, bis sich die ersten neuen Wurzeln bilden.

Bitte beachten!

Die Wurzeln wachsen recht schnell, je nach Sorte innerhalb von 4–15 Tagen. Dann müssen die Kräuter mit den Wurzeln ins Freiland oder in Töpfe mit Erde gepflanzt werden. Sie können nach Bedarf ernten, lassen Sie dabei immer Wachstumszonen übrig.

Was ist zu tun?

1   Alle Blätter in dem Bereich des Stängels entfernen, der im Wasser steht. Den Stängel mit einer sehr sauberen Gartenschere oder Schere abschneiden.

2   Den Stängel sofort in ein sauberes und trockenes Glasgefäß stellen, um die Entwicklung unerwünschter Bakterien zu verhindern.

3   In das Gefäß zimmerwarmes Wasser füllen. Das Glas an einen hellen Ort ohne direkte Sonneneinstrahlung stellen. Das Wasser alle zwei Tage wechseln.

SCHON GEWUSST?

Samen und Blätter eines Gewürzkrauts haben nicht unbedingt denselben Geschmack. Ein gutes Beispiel dafür ist der Koriander. Lassen Sie die Pflanze also ruhig Samen bilden, die Sie beim Kochen zum Würzen Ihrer Gerichte verwenden können. Einige Pflanzen wie Basilikum oder Petersilie sind einjährig. Nach der Blüte wandert die Pflanze daher auf den Komposthaufen. Sammeln Sie zuvor die Samen, um im nächsten Frühjahr Pflanzen nachziehen zu können.

GUTE BEDINGUNGEN

LICHT:	☼ ☼ ☼ ☼ ☼
WÄRME:	🌡 🌡 🌡 🌡 🌡
FEUCHTIGKEIT:	💧 💧 💧 💧 💧
SCHWIERIGKEITSGRAD:	❀ ❀ ❀ ❀ ❀

Basilikum

Den ganzen Sommer über verleiht das Basilikum allen sommerlichen Gerichten ein wunderbares Aroma. Es lässt sich sowohl innen als auch im Freiland problemlos anbauen.

Merkmale

Basilikum ist eine einjährige Pflanze. Denken Sie daher daran, ihre Samen zu sammeln. Damit Sie länger ernten können, müssen Sie die Blütenansätze abschneiden, um die Entwicklung der Blätter zu fördern. Basilikum ist sehr gesund, es wirkt antioxidativ, keimtötend, appetitanregend und verdauungsfördernd.

Die Ernte

Sie ernten die Blätter. Man verwendet sie meist frisch, denn beim Kochen verliert Basilikum viel von seinem Geschmack. Sie können damit auch Öl aromatisieren.

Minze

Die Minze ist eine wuchernde Pflanze. Ziehen Sie sie im Topf, wenn Sie nicht wollen, dass sie sich zu sehr ausbreitet. Sie braucht wenig Pflege und lässt sich vielfältig nutzen. Sie ist also ein unverzichtbares Gewürzkraut.

Merkmale

Es gibt verschiedene Sorten, auch ungewöhnliche wie die Schokoladenminze oder die Ingwerminze. Die Minze ist eine mehrjährige Pflanze, die problemlos wächst. Sie wird gern genutzt, um den Atem zu erfrischen, hilft aber auch sehr gut bei Schnupfen und Schmerzen. Zudem fördert sie die Verdauung und unterstützt die Leber aktiv beim Abbau von Toxinen.

Die Ernte

Sie ernten die Blätter. Frisch oder getrocknet eignen sie sich bestens für diverse Gerichte, Desserts und Tees. Auch einen Likör kann man daraus zubereiten.

Petersilie

Ob glatt oder kraus: Die Petersilie ist roh ebenso ein Genuss wie gekocht. Sie passt auch wunderbar zu Fischgerichten. Und sie lässt sich sehr leicht anbauen.

Merkmale

Petersilie ist eine der bekanntesten und am meisten verwendeten Gewürzpflanzen. Da sie sehr viel Vitamin C und Vitamin K enthält, ist sie zudem sehr gesund. So wirkt sie Blutarmut entgegen, ist anregend, kräftigend und fördert die Verdauung.

Die Ernte

Sie ernten die Blätter. Ob frisch oder gekocht aromatisieren sie Omeletts, Saucen, Eintöpfe, Gemüsepfannen sowie Grill- und Fischgerichte.

Rosmarin

Mit Rosmarin lassen sich Fleisch- und Fischgerichte wunderbar verfeinern. Er ist auch ein wichtiger Bestandteil der Kräuter der Provence. Seine hübschen blauen Blüten verschönern zudem einen guten Teil des Jahres Ihren Garten.

Merkmale

Rosmarin ist eine mehrjährige Pflanze und wird jedes Jahr größer. Er braucht keinen Dünger, das würde seinen Geschmack beeinträchtigen. Zudem verabscheut die Pflanze zu viel Feuchtigkeit. Rosmarin ist gesund, er wirkt anregend, antiseptisch sowie desinfizierend, unterstützt die Verdauung und hilft bei Rheuma.

Die Ernte

Sie ernten die Nadeln. Sie können frisch oder getrocknet verwendet werden. Rosmarin darf in einem Bouquet garni (Kräutersträußchen) nicht fehlen. Ein Haarwasser mit Rosmarin verleiht den Haaren schönen Glanz.

SCHON GEWUSST?

Koriander enthält sehr viel Vitamin K.
Dieses Vitamin ist vor allem wichtig für
die Blutgerinnung, aber auch für die
Knochenbildung.

Koriander

Koriander ist eines der wichtigsten Gewürzkräuter der asiatischen Küche. Doch auch in Europa wird er gern verwendet, denn er ist gesund und lässt sich problemlos kultivieren.

Merkmale

Frischer Koriander erfreut sich mittlerweile großer Beliebtheit, und das zu Recht: Denn er schmeckt gut und wirkt zudem antioxidativ. Probieren Sie ihn beispielsweise im Salat oder in einer Karottensuppe. Ausgezeichnet passt er auch zu einem Taboulé oder Currygerichten.

Die Ernte

Sie ernten die Blätter und die Samen. Beide schmecken aber sehr unterschiedlich. Die Blätter werden frisch verwendet, die Samen hingegen getrocknet.

Thymian

SCHON GEWUSST?

Thymian ist eine bienenfreundliche Pflanze und gehört daher auf jeden Fall in den Gemüsegarten. Zudem wehrt er einige andere Insekten ab.

Thymian ist eine mehrjährige Pflanze, die durch ihren herrlichen Duft und ihre kleinen rosa oder weißen Blüten bezaubert. Da er sehr unkompliziert ist, gelingt es auch Gärtnern ohne grünen Daumen problemlos, ihn anzubauen.

Merkmale

Von dieser mehrjährigen Pflanze, die als Teppich oder aufrecht wächst, gibt es zahlreiche Sorten. Unter anderem gehört auch der Feld-Thymian dazu. Thymian ist als Kraut oder als ätherisches Öl sehr gesund. Er wirkt antiseptisch, antiviral, anregend, hilft bei Erkältungen und, fördert die Verdauung. Wenn Sie erkältet sind, empfiehlt es sich, Thymiantee zu trinken.

Die Ernte

Sie ernten die Blätter, die Blüten und die jungen Triebe. Frisch oder getrocknet verfeinert Thymian allerlei Gerichte, Marinaden und Brühe. Er gehört in Kräutersträußchen und kann auch zur Aromatisierung von Öl verwendet werden.

Zitronengras

Obwohl das Zitronengras eine tropische Pflanze ist, wächst es auch in unseren Breiten, ist allerdings nicht winterhart. Zitronengras schmeckt großartig und verleiht Gerichten ein wunderbares Aroma.

Herkunft

Zitronengras, auch Westindisches Lemongras genannt, stammt aus Indien oder Sri Lanka. Es handelt sich um eine Pflanze mit langen Halmen. In den asiatischen Ländern wird es viel verwendet, als Heilpflanze sowie als Gewürzkraut.

Zubereitung

Zitronengras findet sich oft klein geschnitten in asiatischen Wok-Gerichten. Rezepte für seine Verwendung gibt es in jedem asiatischen Kochbuch oder auch im Internet. Zitronengras wird auch für Tees, Marinaden und besonders Gerichte mit weißem Fleisch und Fisch verwendet. Sie können es frisch oder getrocknet und gemahlen einsetzen.

Bitte beachten!

Das Zitronengras kann bis zu 1 m hoch werden. Daher empfiehlt es sich, es regelmäßig zu schneiden, zumal seine Halme scharfe Ränder haben.

Die Ernte

Sie ernten die Halme. Schneiden Sie sie einfach einige Zentimeter über dem Boden ab, sodass die Pflanze weiterwachsen und Halme ausbilden kann. Wenn Sie gute Überwinterungsmöglichkeiten haben, kann das Zitronengras das ganze Jahr geerntet werden.

Was ist zu tun?

1 Einen Zitronengrashalm abschneiden, sodass ⅓ des Halmes stehen bleibt. Der so
gewonnene Teil soll 5–8 cm lang sein.

2 Diesen abgeschnittenen Teil mit der
Schnittstelle nach oben bis zur Hälfte
in Wasser stellen. Das Wasser alle zwei Tage
wechseln. Nach 14 Tagen bilden sich kleine
Wurzeln.

3 Das Zitronengras nicht sehr tief in Erde
pflanzen, der Großteil der Pflanze sollte
noch aus der Erde herausschauen. An einen
hellen Ort stellen und regelmäßig gießen. Nach
Bedarf ernten.

SCHON GEWUSST?
Zitronengras kann man gut einfrieren. Um es anschließend optimal nutzen zu können, vor dem Einfrieren in Stücke schneiden.

GUTE BEDINGUNGEN	
LICHT:	☼ ☼ ☼ ☼ ☼
WÄRME:	🌡 🌡 🌡 🌡 🌡
FEUCHTIGKEIT:	💧 💧 💧 💧 💧
SCHWIERIGKEITSGRAD:	❀ ❀ ❀ ❀ ❀

4

Samen, aus denen Pflanzen wachsen

In diesem Kapitel finden Sie weitere Informationen,
damit Ihre Nachzucht auch anderer Pflanzen gelingt.
Die bisher genannten Methoden funktionieren nämlich nicht
bei den Gewächsen, mit denen wir uns nun beschäftigen.
Wie klappt es aber dann?
Das Regrow-Geheimnis ist ganz einfach: Sie brauchen Samen
und die richtigen Bedingungen, um diese erst keimen
und die Pflänzchen dann wachsen zu lassen.
Im Folgenden erhalten Sie auch praktische Tipps und
Informationen zum Licht- und Wasserbedarf.
Viel Spaß mit dieser unkomplizierten Methode!

Aussäen

Wurfsaat

Die Aussaat ist eine einfache und preiswerte Methode, um viele Pflanzen, Bäume, Blumen und Gemüse wachsen zu sehen. Damit Ihr Vorhaben garantiert gelingt, müssen Sie nur einige Regeln beachten.

Wo?

Wo Sie Samen ausbringen, hängt von der Pflanze ab, die Sie anbauen möchten. Oftmals kann direkt im Freiland gesät werden, andere Arten hingegen sollten lieber geschützt im Warmen vorgezogen werden.

Wann?

Wenn Sie im Haus in einem Topf mit Erde Samen ausbringen, können Sie dies im Grunde ganzjährig tun. Bei vielen Pflanzen erfolgt die Aussat jedoch zu Frühlingsbeginn, damit die Samen ausreichend Licht und Wärme bekommen.

DIE AUSSAAT DEN PFLANZEN ANPASSEN

Bei einjährigen, bedingt winterharten Pflanzen erfolgt die Aussaat je nach Region von März bis Ende April.

Bei einjährigen winterharten Pflanzen wird je nach Wachstumsgeschwindigkeit von Februar bis Ende April direkt ins Freiland gesät.

Bei zweijährigen Pflanzen werden die Samen im Sommer ausgebracht und die Pflanzen im Herbst pikiert.

Bei mehrjährigen winterharten Pflanzen ist der richtige Zeitpunkt zum Säen Juni bis September.

Bäume und Büsche schätzen eine Aussaat im Herbst.

Wie?

Für die Aussaat im Freiland gibt es verschiedene Methoden.

- Bei der Wurfsaat wird eine Handvoll Samen auf dem Boden verstreut. Die Pflänzchen wachsen dann einfach da, wo der Samen gelegen ist.
- Bei der Rillensaat werden Furchen gezogen und dort Samen eingebracht. Die Pflanzen wachsen dann in einer Reihe.
- Bei der Horstsaat werden Samen in kleinen Gruppen in ein Pflanzloch gesetzt. Wenn die Samen aufgehen, bleibt die kräftigste Pflanze stehen und die anderen werden herausgezogen.

Horstsaat

Gurke

Die Gurke ist ein wunderbar erfrischendes Gemüse. Der Anbau ist einfach und man erzielt problemlos gute Ernten. Dazu braucht es nur Sonne und etwas Wasser.

Herkunft

Über die Herkunft der Gurke gibt es unterschiedliche Aussagen. Angeblich soll sie ursprünglich aus dem Norden Indiens stammen. Mit der Zeit hat sie sich dann ausgebreitet und wurde von den Ägyptern sehr geschätzt, die am Nilufer Gurken anbauten. Auch bei den Römern war die Gurke beliebt, sie galt als Lieblingsgemüse des Kaisers Tiberius. Damit seine Versorgung gesichert war, wurden die Pflanzen bei Schlechtwetter durch Glaswände geschützt.

Zubereitung

Gurken werden hauptsächlich roh verzehrt, im Salat oder in kalter Gazpacho. Sie schmecken jedoch auch gekocht sehr gut. Wenn sie nur kurz gegart werden, bleiben sie knackig und ihr Geschmack ist intensiver. Einfach mal ausprobieren ...

Bitte beachten!

Der Anbau von Salatgurken oder Einlegegurken – dabei handelt es sich um dasselbe Gemüse – ist im Freiland sehr viel einfacher, aber auch im Topf nicht unmöglich, wenn sich die Pflanze ausbreiten kann. Achten Sie darauf, Gurken nicht zu nah bei Melonen oder Zucchini zu pflanzen, denn ihre Blüten ähneln sich sehr. Dadurch besteht die Gefahr einer Kreuzbestäubung.

Die Ernte

Sie ernten Gurken. Je nach Sorte können sie sogar klein geerntet und als Einlegegurken verwendet werden.

Was ist zu tun?

1 Die Gurke längs halbieren und mit einem Löffel die Kerne herauskratzen.

2 Die Kerne in einen Krug mit Wasser geben und mit einem Löffel kräftig umrühren, sodass ein Wirbel entsteht. So steigen die Kerne nach oben und das Fruchtfleisch sinkt auf den Boden.

3 Die Kerne herausnehmen und trocknen lassen. Bis zum Gebrauch an einem trockenen Ort lichtgeschützt aufbewahren.

SCHON GEWUSST?

Unsere Großmütter rieten immer dazu, eine Gurke vor dem Verzehr mit Salz bestreut ziehen zu lassen. War das früher wichtig, so ist es heute jedoch nicht mehr nötig, da die Gurken nicht mehr so bitter sind wie früher.
Ursprünglich baute man Gurken eher wegen ihrer heilkräftigen Eigenschaften als wegen ihres Geschmacks an. Bei Hauterkrankungen wie Rötungen, Flechten und Juckreiz entfalten sie ihre Wirksamkeit.

GUTE BEDINGUNGEN

LICHT:	☼ ☼ ☼ ☼ ☼
WÄRME:	🌡 🌡 🌡 🌡 🌡
FEUCHTIGKEIT:	💧 💧 💧 💧 💧
SCHWIERIGKEITSGRAD:	❀ ❀ ❀ ❀ ❀

Kürbis

Kürbisse gibt es in vielen verschiedenen Sorten. Das wunderbare Herbst- und Wintergemüse lässt sich leicht anbauen, wächst aber nur im Freiland richtig gut.

Herkunft

Kürbisse wurden im 16. Jahrhundert von den Portugiesen nach Europa importiert. Über ihren Ursprung wurde viel gemutmaßt, doch es gibt keine gesicherten Erkenntnisse. Angeblich stammen sie aus Mittelamerika oder China. Auch die offizielle Klassifizierung der verschiedenen Sorten – die letzte erfolgte erst 1986 – ist immer wieder Gegenstand heftiger Debatten.

Zubereitung

Kürbis wird hauptsächlich gekocht gegessen, als Gratin, gedünstet, als Püree, im Ofen gebraten oder als Suppe zubereitet. Allerdings schmecken auch die Kerne geröstet und mit Gewürzen sehr lecker. Probieren Sie einfach mal verschiedene Sorten aus.

Bitte beachten!

Kaufen Sie einen Biokürbis, damit Sie keimfähiges Saatgut erhalten. Kürbisse können nur im Freiland kultiviert werden, denn dieses Gemüse braucht sehr viel Platz und breitet sich häufig über mehrere Meter aus. Es ist daher auch ratsam, die Ursprungspflanze mit einer Stange zu markieren, um während der Erntephase nicht den Überblick zu verlieren, wo Sie gießen müssen. Der Kürbis liebt die Sonne. Nach der Ernte legen Sie die Kürbisse am besten auf eine Unterlage aus Stein oder Holz, damit sie an der Unterseite nicht zu faulen beginnen.

Die Ernte

Sie ernten Kürbisse. Die meisten Sorten kann man an einem kühlen und trockenen Ort lichtgeschützt lange aufbewahren.

Was ist zu tun?

1 Den Kürbis halbieren.

2 Mit einem Löffel die Kerne herauskratzen und diese unter Wasser reinigen. Anschließend gut trocknen lassen, damit sie nicht faulen.

3 Die Kerne an einem trockenen Ort lichtgeschützt bis zur Verwendung aufbewahren. Die Aussaat erfolgt im Frühjahr, im Verlauf des März. Erste Früchte können dann Ende August geerntet werden.

SCHON GEWUSST?
Der bisher schwerste Kürbis hat ein Gewicht von 1190,50 kg auf die Waage gebracht (Rekord von 2016). Wenn Sie ähnlich große Kürbisse ernten, sollten Sie nicht zögern, an der Europameisterschaft im Kürbiswiegen teilzunehmen, die jedes Jahr in Deutschland veranstaltet wird.

GUTE BEDINGUNGEN	
LICHT:	☼ ☼ ☼ ☼ ☼
WÄRME:	🌡 🌡 🌡 🌡 🌡
FEUCHTIGKEIT:	◍ ◍ ◍ ◌ ◌
SCHWIERIGKEITSGRAD:	✿ ✿ ✿ ✿ ✿

Zucchini

Die Zucchini, der Star des Sommers, ist das ideale Gemüse für Anfänger. Zucchinipflanzen sind sehr unkompliziert und produzieren viel und lange Früchte. Sie gehören eigentlich in jeden Gemüsegarten.

Herkunft

Die Zucchini ist ein relativ moderndes Gemüse. Lange hat man ihr den Kürbis vorgezogen, der sich deutlich länger hält. Entstanden ist die Zucchini im 18. Jahrhundert in Italien. Sie entwickelte sich durch Züchtung aus dem Gartenkürbis, der ursprünglich aus Mittelamerika stammte.

Zubereitung

Man isst sie gekocht, gedünstet, gebraten, gefüllt oder als Suppe. In Spaghetti-Form geschnitten eignen sie sich gut als Nudelersatz. Übrigens können auch die Blüten gefüllt werden – ein Genuss!

Bitte beachten!

Kaufen Sie unbedingt Biozucchini, damit Sie keimfähiges Saatgut erhalten. Zucchini sollten vorzugsweise im Freiland angebaut werden, denn sie brauchen ziemlich viel Platz, pro Pflanze ungefähr 1 m². Für einen 4-Personen-Haushalt sind drei oder vier Pflanzen absolut ausreichend. Um eine gute Samenausbeute zu bekommen, lassen Sie eine Zucchini richtig groß werden, damit Sie viele Samen erhalten. Wenn der Stiel anfängt, braun zu werden, können Sie ernten.

Die Ernte

Sie erhalten Zucchini. Ernten Sie die Früchte noch recht klein, denn sie wachsen sehr schnell und schmecken dann weniger intensiv. Sie können auch die Blüten essen. Da der Ertrag in der Regel üppig ist, können Sie ohne Reue einige Blüten »opfern«.

Was ist zu tun?

1 Wenn der Stiel braun wird, die Zucchini abschneiden und der Länge nach halbieren. Mit einem Löffel alle Kerne herauskratzen.

2 Die Kerne in ein Sieb geben und mit Wasser abspülen, um sie vom Fruchtfleisch zu trennen. Anschließend etwa zehn Tage an der Luft trocknen lassen.

3 Die Kerne verlesen: Am besten sind bauchige Kerne, flache werfen sie weg, denn die keimen nicht oder ergeben schwache Pflanzen. Die Kerne bis zur Aussaat trocken und kühl lagern.

SCHON GEWUSST?

Bei der Zucchini wachsen männliche und weibliche Blüten. Die männlichen bilden keine Früchte aus, sie haben einen längeren Stiel und keinen Fruchtknoten unterhalb der Blütenblätter.

GUTE BEDINGUNGEN

LICHT:	☼ ☼ ☼ ☼ ☼
WÄRME:	🌡 🌡 🌡 🌡 🌡
FEUCHTIGKEIT:	💧 💧 💧 💧 💧
SCHWIERIGKEITSGRAD:	✿ ✿ ✿ ✿ ✿

Zuckermelone

Die Zuckermelone gehört zur Familie der Gurken und Kürbisse – den Kürbisgewächsen (Cucurbitaceae). Sie ist also kein Obst, sondern ein Sommergemüse. Melonen können nur im Freiland angebaut werden, was aber problemlos funktioniert.

Herkunft

Die Melone kommt ursprünglich aus Afrika. Früher wurde sie als Gemüse verzehrt und mit Essig und Pfeffer gewürzt. Damals war sie noch nicht so süß wie heute. Im Laufe der Zeit haben sich die unterschiedlichen Arten dann auch bis in den Mittelmeerraum ausgebreitet.

Zubereitung

Sie wird meist roh gegessen, in Stücke geschnitten mit rohem Schinken oder Portwein oder einfach pur. Auch eisgekühlt schmeckt sie sehr gut. Weniger bekannt dürfte sein, dass Zuckermelone auch gekocht bestens mundet. Versuchen Sie doch mal Konfitüre oder Gebäck mit Melone.

Bitte beachten!

Die Melone muss im Freiland angebaut werden, denn sie braucht Platz. Allerdings benötigt sie einen sehr sonnigen Standort, denn durch die Sonne erhält sie ihre Süße. Und die Melone liebt es windgeschützt.

Die Ernte

Sie erhalten neue Melonen. Achtung: Ernten Sie Melonen immer am Morgen, so ist ihr Geschmack intensiver und sie halten sich besser.

Was ist zu tun?

1 Die Melone halbieren und mit einem Löffel die Kerne herauskratzen.

2 Die Kerne in einen Krug mit Wasser geben und mit einem Löffel kräftig durchrühren, sodass ein Wirbel entsteht. Volle Kerne sinken auf den Boden, leere schwimmen oben. Die werfen Sie weg.

3 Die Kerne herausnehmen und trocknen lassen, anschließend bis zur Verwendung trocken und lichtgeschützt lagern.

SCHON GEWUSST?

Die Zuckermelone hat sehr wenig Kalorien. Sie enthält viel Wasser, Vitamin B9 und Kalium. Sie ist auch mineralstoffreich. Man kann sie also ohne schlechtes Gewissen essen. Sie verfügt über antirheumatische, harntreibende und abführende Eigenschaften.

GUTE BEDINGUNGEN

LICHT:	☼ ☼ ☼ ☼ ☼
WÄRME:	🌡 🌡 🌡 🌡 🌡
FEUCHTIGKEIT:	💧 💧 💧 💧 💧
SCHWIERIGKEITSGRAD:	✿ ✿ ✿ ✿ ✿

Paprika

Die Paprika lässt sich sehr einfach anbauen. Sie entwickelt sich im Topf ebenso gut wie im Freiland und ist sehr dekorativ. Eine gute Wahl also, wenn Sie eine kleine sonnige Ecke übrig haben.

Herkunft

Man hat in Mexiko 5000 Jahre alte Paprikasamen gefunden. Im 15. Jahrhundert kam diese Pflanze anfangs in ihrer schärfsten Form nach Europa, als Chilischote. Erst im 18. Jahrhundert setzte sich die milde Variante durch.

Zubereitung

Man isst sie roh, zum Beispiel im Salat oder als Rohkost mit einem Dip oder gekocht. Gegrillt, gefüllt, gedünstet, in Wokgerichten oder als Ofengemüse: Die Paprika ist vielseitig und immer lecker.

Bitte beachten!

Die Paprika mag es gerne warm. Wenn Sie sie ins Freiland auspflanzen oder auf Ihrem Balkon platzieren wollen, müssen Sie Geduld bis nach den Eisheiligen (um den 11. Mai) haben, um jedes Frostrisiko zu vermeiden. Mit der Ernte warten Sie, bis die Haut der Paprika glatt und glänzend ist. Die weißen Teile in der Paprika sollten Sie immer entfernen, denn sie sorgen für einen bitteren Geschmack. Für die Nachzucht eignen sich am besten Biopaprika.

Die Ernte

Sie ernten Paprikaschoten, die Sie nach Bedarf abschneiden können. Die grüne Paprika ist keine eigene Sorte, sie hat nur noch nicht ihre volle Reife erreicht. Das ist nicht weiter schlimm, denn viele lieben sie gerade so. Wenn die Paprika dunkler wird, verändert sie bald ihre Farbe.

Was ist zu tun?

1 Mit den Händen den Stiel in die Paprika drücken.

2 Die Kerne bleiben am Stiel hängen. So müssen sie nur noch abgezogen und getrocknet werden.

3 Bis zum Gebrauch trocken und lichtgeschützt lagern. Paprikas wachsen auch im Haus sehr gut, sogar im Winter, vorausgesetzt sie haben ausreichend Licht.

SCHON GEWUSST?

Zur Pflanzengattung Paprika gehören neben der ganz milden Gemüsepaprika auch verschiedene Chilischoten und Peperoni. Je nachdem, wie viel Capsaicin in den Früchten enthalten ist, weisen sie einen unterschiedlichen Schärfegrad auf, der auf der Scoville-Skala angegeben wird.

GUTE BEDINGUNGEN	
LICHT:	☼ ☼ ☼ ☼ ☼
WÄRME:	🌡 🌡 🌡 🌡 🌡
FEUCHTIGKEIT:	💧 💧 💧 💧 💧
SCHWIERIGKEITSGRAD:	✿ ✿ ✿ ✿ ✿

Tomate

Handelt es sich bei der Tomate um Gemüse oder doch eher Obst? Die Meinungen gehen da auseinander, doch Botaniker sprechen von Fruchtgemüse. Wie auch immer: Sie ist der Verkaufsschlager beim Gemüsehändler. Warum also nicht auch zu Hause anbauen?

Herkunft

Die Tomate kommt aus Südamerika. Nach Europa wurde sie seit dem 16. Jahrhundert importiert. Man baute die Pflanze damals jedoch nur wegen ihres Aussehens an, denn man hielt ihre Früchte für giftig. Erst im 18. Jahrhundert begann man an den wichtigen europäischen Höfen damit, Tomaten zu essen.

Zubereitung

Anfangs wurde die Tomate hauptsächlich in Form von Saucen verzehrt. Nach und nach wurde die Verwendung vielseitiger: roh, gekocht, als Suppe oder Beilage. Es gibt Tausende von Rezepten für dieses köstliche Fruchtgemüse.

Bitte beachten!

Der Tomatenanbau wird meist im Gewächshaus betrieben, und die Sorten, die man im Supermarkt bekommt, sind sehr oft aus hybriden oder sterilen Samen hervorgegangen. Diese ergeben Pflanzen, die ihrerseits keine Früchte mehr tragen. Sie müssen daher unbedingt Biotomaten wählen.

Die Ernte

Wenn Sie die Pflanze zur richtigen Zeit oder an einem sehr hellen und warmen Ort anbauen, bekommen Sie neue Tomaten. Zwar ist der Tomatenanbau recht langwierig, er dauert mehrere Monate, aber er ist sehr einfach und belohnt den fleißigen Gärtner großzügig.

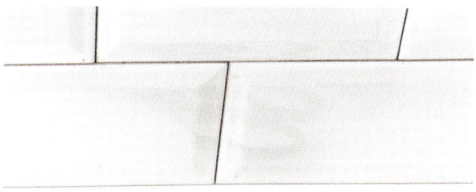

anschließend bis zur Verwendung in einem verschlossenen Umschlag aufbewahren. Normalerweise werden die Samen Ende Januar in einen Topf mit Erde gesät, um die Pflanzen zwischen Ende April und Anfang Mai dann im Freien in die Erde oder einen Topf zu setzen.

Was ist zu tun?

1 Die Tomate halbieren. Mit einem Löffel die Kerne herausholen.

2 Die Kerne in ein Sieb geben, um sie vom Saft oder restlichen Fruchtfleisch zu befreien.

3 Die Kerne drei bis vier Tage bei Zimmertem-peratur trocknen lassen,

---

SCHON GEWUSST?

Die meisten Tomaten, die wir im Supermarkt bekommen, haben nie Erde gesehen, denn sie wurden hydroponisch angebaut. Diese Form des Anbaus ergibt schöne Tomaten mit sehr fester Haut. Ursprünglich hat eine Tomate eine dünnere Haut. Tomaten sollten Sie nicht im Kühlschrank aufbewahren.

GUTE BEDINGUNGEN

LICHT:	☼ ☼ ☼ ☼ ☼
WÄRME:	🌡 🌡 🌡 🌡 🌡
FEUCHTIGKEIT:	💧 💧 💧 💧 💧
SCHWIERIGKEITSGRAD:	✿ ✿ ✿ ✿ ✿

5

Microgreens (Gemüse- und Kräuterkeimlinge)

Microgreens sind 8–15 Tage alte Keimlinge, die Sie essen können und deren Geschmack dem finalen Gemüse sehr nahekommt, nur viel intensiver ist. Ihr Anbau ist kinderleicht und ohne viel Aufwand möglich.
Ein Fensterbrett reicht dafür aus!
Microgreens sind sehr gesund, denn sie enthalten jede Menge Vitamine und Spurenelemente. Sie sind daher gerade in der kalten Jahreszeit und außerhalb der Erntephasen ideal. Einfacher geht es wirklich nicht und das Ganze macht auch richtig Spaß.
Probieren Sie es doch mal aus!

Microgreens

Keimlinge sind derzeit in der Küche ziemlich beliebt. Sie schmecken ausgezeichnet, sind sehr gesund, und man kann sie zu Hause ganz einfach wachsen lassen und damit alltägliche Gerichte verfeinern.

Welche Bedeutung haben sie?

Microgreens sind sehr reich an Mineralstoffen, Vitaminen und Enzymen. Daher liefern sie dem Körper jede Menge Energie, verleihen Ihren Gerichten aber auch zusätzliches Aroma. Probieren Sie immer mal wieder unterschiedliche Sprossen aus. Die Keimlinge wachsen zudem in Rekordzeit: innerhalb von 8–15 Tagen.

Zubereitung

Microgreens werden hauptsächlich als Zugabe in Salaten oder auf Sandwiches gegessen. Sie lassen sich gut mit vielerlei Zutaten kombinieren. Sie können sie auch direkt vor dem Servieren über eine Suppe streuen oder anstelle von Rucola auf eine Pizza geben.

Bitte beachten!

Der Anbau von Microgreens ist sehr einfach und erfordert nur ein Minimum an Pflege. Morgens und abends müssen die Samen mit Wasser besprüht werden, um nicht auszutrocknen. Verwenden Sie Biosaatgut. Bei Berücksichtigung der Keimdauer können Sie die Sorten auch mischen. Es brauchen nämlich nicht alle Samen gleich lang, um aufzugehen. Suchen Sie daher geeignete Kombinationen aus.

Die Ernte

Sie ernten leckere junge Sprossen. Zur Aufbewahrung legen Sie angefeuchtetes Küchenpapier in ein Glasgefäß. Füllen Sie dieses anschließend mit den jungen Sprossen, die Sie mit einer sauberen Schere abgeschnitten haben. So halten sie sich ungefähr eine Woche.

3 Das Ganze 2–3 Tage an einen dunklen Platz stellen oder einen dritten Untersetzer umgedreht als Deckel aufsetzen. Die Samen beginnen zu keimen. Wenn die Microgreens kleine Blätter bekommen, bis zur Ernte bei Tageslicht stehen lassen.

Was ist zu tun?

1 Wählen Sie spezielle Samen zum Keimen aus. Am besten wässern Sie sie vor der Verwendung über Nacht. Gut abtropfen lassen. Sie brauchen keine speziellen Anzuchtbehälter. Nehmen Sie zwei Untersetzer für Blumenkästen und versehen Sie einen davon gleichmäßig mit Löchern.

2 Den Untersetzer mit den Löchern 2 ½ cm hoch mit Gartenerde füllen und diese leicht andrücken. Nun in den zweiten Untersetzer Wasser gießen und den ersten hineinsetzen, damit das Wasser nach oben steigen kann. Sobald die Erde feucht, aber nicht durchnässt ist, die Samen aussäen. Sie dürfen nah beieinanderliegen, sollten sich aber nicht berühren oder überlappen. Mit einer Sprühflasche leicht mit Wasser besprühen.

SCHON GEWUSST?

Es gibt jede Menge Gewächse, die sich für die Anzucht von Microgreens eignen. Wählen Sie aus, womit Sie beginnen wollen: Amarant, Hafer, Rote Bete, Weizen, Wilder Brokkoli (Stängelkohl), Karotte, Sellerie, Rotkohl, Gartenkresse, Dinkel, Linsen, Luzerne, Mais, Senfsprossen, Gerste, Lauch, Kichererbsen, Gelbe Erbsen, Quinoa, Gelber Rettich, Rosa Rettich, Rucola, Roggen, Rotklee.

GUTE BEDINGUNGEN

LICHT:	☼ ☼ ☼ ☼ ☼
WÄRME:	🌡 🌡 🌡 🌡 🌡
FEUCHTIGKEIT:	💧 💧 💧 💧 💧
SCHWIERIGKEITSGRAD:	✿ ✿ ✿ ✿ ✿

6

Und wenn es nicht funktioniert?

Selbst bei ganz einfachen Dingen hat man nicht
immer zu 100 Prozent Erfolg. Der Regrow
von Gemüse stellt da keine Ausnahme dar, und
natürlich können auch Probleme auftauchen,
zum Beispiel Schädlinge, Schaderreger,
Fehler beim Anbau oder bei der Pflege.
In diesem Kapitel erfahren Sie, wie Sie schwierige
Situationen meistern können, damit ein Misserfolg
die absolute Ausnahme bleibt.

Krankheiten

Niemand ist vor Krankheiten sicher. Das Gemüse, das Sie nachziehen wollen, muss daher damit fertigwerden können. Im Folgenden erfahren Sie, wie Sie Ihre Pflanzen stärken können, damit sie weniger anfällig sind.

Fäulnis

Fäulnis ist eine natürliche Phase bei Pflanzen. Sie ist aber auch ein häufiges Problem bei der Nachzucht.

Fäulnis bemerken Sie am Geruch, an der Schimmelbildung auf den Wurzeln oder an weichen Stellen an der Pflanze.

Verfallen Sie nicht in Panik.

Wenn Sie feststellen, dass Ihre Pflanze zu faulen beginnt, nehmen Sie sie sofort aus dem Wasser, entfernen Sie die betroffenen Teile und lassen Sie die Pflanze einige Stunden trocknen, bevor Sie sie wieder in Wasser oder Erde setzen.

Ist der Zerfall zu weit fortgeschritten, haben Sie keine andere Wahl, als die Pflanze auf dem Kompost zu entsorgen.

Wie kann das Verrotten verhindert werden?

Kulturen, die einen Zyklus im Wasser durchlaufen, verfaulen leicht. Um dies zu verhindern, sollten folgende Vorkehrungen getroffen werden:

- Das Wasser sehr regelmäßig wechseln, um das Auftreten dieses Problems in Grenzen zu halten.

- Frisches und gründlich gewaschenes Gemüse und sauberes Werkzeug verwenden – Messer, Schüsseln, Förmchen etc.
- Ist Ihre Erde kontaminiert, legen Sie sie 30 Minuten bei 200 °C in den Backofen. Nachdem sie vollständig erkaltet ist, können Sie die Pflanzen erneut einsetzen.

Pilze und Schaderreger

Um Ihnen und Ihren Pflanzen das Problem mit Pilzen und anderen Schaderregern zu ersparen, müssen Sie einige Vorsichtsmaßnahmen ergreifen. Denn wenn Sie diese Erreger schon nicht in Ihrer Küche haben wollen, dann legen Ihre Pflanzen noch weniger Wert darauf, schließlich steht ihr Überleben auf dem Spiel.

Hauptursache für das Auftreten dieser unerwünschten Organismen ist der Kauf minderwertiger Erde. Sobald diese feucht wird, entwickeln sich Keime und weitere Schaderreger. Um dieses und viele weitere Probleme zu vermeiden, sollten Sie in eine hochwertige Gartenerde investieren, die sehr viel weniger Keime enthält.

Sollte das Problem dennoch auftreten, verwenden Sie Kokosfaser, die praktisch keine Keime aufweist. Das Risiko ist dann äußerst gering.

Wie lässt sich ihre Entwicklung verhindern?

Pilze und Schaderreger lieben Feuchtigkeit. Um ihre Entwicklung einzudämmen, sollten Sie daher

- den Ort, an dem Sie Ihre Pflanzen kultivieren, regelmäßig lüften,
- nicht zu viel gießen,
- stehendes Wasser oder durchnässte Erde vermeiden,
- keinen Torf verwenden, der besonders anfällig ist,
- bei einem Mini-Gewächshaus auf die Belüftung achten.

Die verschiedenen Krankheiten

FALSCHER MEHLTAU

Dies ist die häufigste Pilzerkrankung im Garten und viele Gärtner haben wegen dieses kleinen Pilzes schon aufgegeben.

Der falsche Mehltau entwickelt sich bei Temperaturen zwischen 17 und 20 °C, wenn Regen und Hitze sich abwechseln. Pflanzen im Haus sind davon selten betroffen, im Freien ist das Risiko am größten.

Wie erkennt man ihn?

Der falsche Mehltau ist ein mikroskopisch kleiner Pilz, der sich auf den Blättern der Pflanzen niederlässt, bevor er sich mehr oder weniger überall in der Pflanze festsetzt und sie sogar eingehen lassen kann.

Man erkennt ihn leicht an den bräunlichen Flecken, die sich auf den Blättern bilden und vor allem an einem weißen Pilzrasen, der die Blätter nach und nach besiedelt.

Wie kann man ihn vermeiden oder bekämpfen?

- Gießen Sie nie direkt auf die Blätter, vor allem nicht bei Tomaten, die besonders empfindlich sind.
- Pflanzen Sie nicht zu eng, damit sich der falsche Mehltau nicht von einer Pflanze zur nächsten ausbreiten kann.
- Wechseln Sie jedes Jahr den Anbauort einzelner Arten, denn die Sporen können im Boden bleiben.
- Bedecken Sie den Fuß der Tomatenpflanze mit Klettenblättern, das tut der Pflanze gut und schützt sie. Um den falschen Mehltau zu bekämpfen, können Sie befallene Teile abschneiden. Falscher Mehltau stört im Kompost nicht.
- mit Bordeauxbrühe (Kupferkalkbrühe) behandeln, dabei die Mengenangaben sehr genau einhalten, um die Erde nicht zu schädigen.
- bei Regen die Pflanzen mit transparenten Planen schützen.

BLATTLÄUSE

Junge Pflanzen verwenden viel Energie auf ihr Wachstum, daher sind sie anfälliger für Blattläuse.

Wenn Ihre Pflanze von Blattläusen befallen ist, isolieren Sie sie, bevor die Blattläuse sich über alle Ihre Pflanzen hermachen.

Um Blattläuse los zu werden, sprühen Sie eine Mischung aus Wasser und Schmierseife auf die Oberfläche der Erde und bedecken das Ganze mit Sand. Sprühen Sie dreimal Mal pro Woche.

Für den Anbau im Freiland können Sie auch auf Marienkäfer setzen, die Blattläuse verzehren. Sie können auch Pflanzen wie Tagetes oder

Kapuzinerkresse einpflanzen, die Blattläuse anziehen, wodurch die Gemüsepflanzen unbehelligt bleiben.

Eigelege

Kleine Mücken, Fliegen oder Stechmücken können in Ihrer Gartenerde ihre Eier ablegen. Die Larven, die daraus hervorgehen, sind eine Plage für Ihre Gemüsepflanzen. Am besten ver-

wenden Sie eine hochwertige Gartenerde, die die Feuchtigkeit gleichmäßig aufnimmt und so weniger geeignet ist für die Eiablage.

Ist es jedoch bereits zu spät, gibt es nur eine Lösung: die Erde sterilisieren. Dazu kommt sie bei 200 °C für 30 Minuten in den Backofen. Nach dem vollständigen Erkalten können Sie wieder in die Erde pflanzen.

Probleme bei der Pflanzenkultur

Wenn die Bedingungen für Ihre Pflanzen nicht geeignet sind, können sie krank werden. Hier einige Hinweise, wie Sie die Bedingungen verbessern und Symptome beheben können.

Lichtmangel

Pflanzen sind von Natur aus darauf programmiert, nach Licht zu streben. Bei Lichtmangel wachsen sie sehr schnell, was dazu führt, dass ihr Stängel sehr biegsam und wenig stabil ist.

Beim Regrow ist das problematisch, denn die Pflanze verwendet viel Energie darauf, in die Höhe zu wachsen, sollte sich aber eher im Ganzen gut entwickeln.

Stellen Sie daher Pflanzen, die zu sehr in die Höhe wachsen, an einen anderen Standort. Sind sie bereits sehr hoch, können Sie sie mit Stangen unterstützen. So können die Pflanzen kräftiger werden und weiterwachsen.

Sonnenbrand

So erstaunlich dies klingen mag: Pflanzen können auch unter der Sonne leiden, vor allem während der heiklen Phasen des Verwurzelns und der Wurzelbildung. Meiden Sie daher in den ersten Wochen direkte Sonneneinstrahlung. Besser ist es, die Pflanzen so zu platzieren, dass sie indirektes Licht bekommen.

Falls Sie den Standort nicht auswählen können, installieren Sie einen Pflanztunnel oder Kälteschutztunnel, um die Kraft der Sonne zu reduzieren.

Vermeiden Sie es schließlich, sehr junge Pflanzen mitten im Sommer in Gewächshäuser zu setzen, denn die Hitze könnte tödlich für sie sein.

Chlorose

Chlorose wird durch einen Chlorophyllmangel verursacht. Das heißt, dass es der Pflanze an Stickstoff oder Eisen mangelt. Ohne Chlorophyll gelingt ihr keine für das Überleben ausreichende Fotosynthese. Die Blätter werden daher gelb und die Pflanze geht mit der Zeit ein.

Um dieses Problem zu verhindern, sollte ein vorzugsweise flüssiger Mineraldünger verwendet werden. In dieser Form wird der Dünger nämlich sehr viel schneller aufgenommen.

Mangelhafte Verwurzelung

Auch wenn Sie die Anweisungen genauestens befolgt haben, kann es vorkommen, dass sich die Pflanzen nicht verwurzeln. Für dieses Problem kann es mehrere Gründe geben:

* Wenn Sie zu altes Gemüse verwendet haben, hat es nicht mehr genügend Vitalität, um Wurzeln zu bilden.
* Bei zu niedrigen Temperaturen haben die Keimlinge Probleme, schöne Wurzeln zu entwickeln. Ideal sind mindestens 20 °C.
* Wenn die Pflanze im Wasser keine Wurzeln bildet, versuchen Sie, sie direkt in Erde zu setzen.
* Sie können unter die Glasbehälter Styroporplatten legen, um einen Wärmeverlust zu vermeiden.

Register

Danksagung

Ein großer Dank geht an Agathe und Benoît für dieses schöne Projekt, das ich mit Liebe und Begeisterung umgesetzt habe. Außerdem danke ich dem gesamten Team von Marabout.

Dank an Francis für all den Platz, den ich für meine vielfältigen Versuche, Gemüse nachzuziehen, beanspruchen durfte, und für seine unerschütterliche Unterstützung. Dank an Laura, die Avocado-Königin, die mich in alle Geheimnisse der Avocado-Nachzucht eingeführt hat.

Dank an Franck, der sich etwas mehr als üblich um meinen Gemüsegarten gekümmert hat, während ich dieses Buch geschrieben habe.

Danke an Véronique für das Gießen während meines Urlaubs.

Dank an Élisabeth und an Valéry Guedes für ihre Hilfe und Anteilnahme und für die hübschen Fotos in diesem Buch.

Besuchen Sie mich im Internet unter guillaumemarinette.com.